나를 사랑하고 싶은
나에게 바치는
유노이아

함부로 내 얘기하지 마

초판 1쇄 인쇄 · 2020년 05월 22일
초판 3쇄 발행 · 2020년 07월 24일

지 은 이 · 유희선
펴 낸 이 · 황정필
펴 낸 곳 · 실크로드

책임편집 · 이경자
편   집 · 한석란 장미나 박선영
디 자 인 · 오선아

주   소 · 경기도 파주시 광인사길 103, 303호
전   화 · 031-955-6333~4
팩   스 · 031-955-6335
등록번호 · 제406-251002010000035호
이 메 일 · silkroad6333@hanmail.net

ISBN 978-89-94893-35-8 03800

책값은 책표지 뒤에 있습니다.
이 책은 실크로드가 저작권자와의 계약에 따라 발행한 것이므로 저작권법에 따라 무단 전재와 복제를 금합니다.

이 도서의 국립중앙도서관 출판예정도서목록(CIP)은 서지정보유통지원시스템 홈페이지(http://seoji.nl.go.kr)와
국가자료종합목록 구축시스템(http://kolis-net.nl.go.kr)에서 이용하실 수 있습니다. (CIP제어번호: CIP2020015133)

함부로 내 얘기 하지 마

유희선 글

그만해! 알지도 못하면서

아무렇게나 버려두었던 나에게 바치는 '찐' 사랑

내가 망하길 바라지 마세요

아노, 저 그런 사람 아닌데요!

실크로드
silkroad

프롤로그

별 것 아닌 사람 때문에, 별일이 생겨나곤 한다

어느 날 지인으로부터 전화가 왔다. 지금 술자리 중인데, 어떤 사람이 나에 대한 험담을 하고 있다는 것이었다. 그러면서 혹시 그 사람과 무슨 안 좋은 일이라도 있었는지 물어봤다. 나는 어리둥절했다. 그가 누구인지 잠시 생각해야 했다. 험담을 늘어놓고 있다는 그 사람은 나와 두 달 정도 일한 적이 있는 피디였다. 20년 차 방송 작가인 나에게 두 달의 시간은 그저 티끌에 불과했다. 그런데 나보다 한참 어린 피디가, 심지어 사적인 대화 한번 해 본 적 없고, 핸드폰 번호도 모르는 사이인, 그런 사람이 지구 어딘가에서 나에 대해 '함부로 말하고 있다'는 것이었다.

황당함이 분노로 바뀌기까지 걸린 시간은 눈 한번 감았다 뜬 것으로 족했다. '네가 뭔데, 뭘 안다고, 풋!' 하며 지나치려고 했지만… '나를 싫어하는 사람이 있을 수도 있지' 하며 쿨하게 인정하려 했지만… 생각할수록 그에게 내가 안줏거리가 될 만큼의 잘못을 했는지 의아했고, 점점 끓어오르는 '화'를 주체할 수 없었다. 감정 제어에 실패한 나는 결국, 그의 전화번호를 민첩하게 수배해서 카톡 친구에 추가했고, 문장 하나를 발사했다.

"저에 대해서 뭘 안다고 함부로 말하는 거죠?"

정중한 사과를 기대한 건 과한 욕심이었을까? 그의 답장은 나의 멘탈을 한 번 더 안드로메다로 보내 버렸다.

"그쪽이야말로 왜 함부로 연락했나요? 차단하겠어요!"

그가 진짜 차단을 했는지는 알 수 없다. 나도 차단해 버렸으므로. 어쨌든 그날, 나의 카톡 파동(?)으로 그 술자리는 완전히 파장 났고, 나에게 상황 전달을 해 준 지인은 입 싼 찌질이가 됐다고 했는데, 그 순간 나에게 그런 말이 들릴 리 없었다.

끓어오르는 분노로 정신줄을 놓아버린 그날 밤 나는, 그에 대한 험담을 지인들에게 늘어놓으며 무너진 멘탈을 추슬렀다.

"신경 쓰지 마! 그 사람이 너에 대해 뭘 안다고…"

사람들은 한목소리로 나를 다독였다. 하지만, 그들에게 위로받으면서도 자신 있게 말할 수 있었다.

누구든 나와 같은 상황을 겪는다면,

누군가 나에 대해 함부로 얘기한 사실을 알게 된다면,

누구라도 예외 없이 분노 가득한 자아와

마주하게 될 거라고.

함부로 말하는 너를 견딜 수 없는 나

나를 싫어하는 사람, 나를 시기하는 사람, 나를 오해하는 사람… 나에 대해 함부로 말하는 사람은 다양한 모습으로 나를 찾아온다. 그들은 내 면전에서 '막말 돌직구'를 날리기도 하고, '뒷담화 돌려까기'로 나의 뒤통수를 강타하기도 하고, '경멸의 눈초리나 무언의 보디랭귀지'로 내 멘탈을 무너뜨리기도 한다.

함부로 내 얘기하지 마. 잘 알지도 못하면서!

우리 엄마도 나한테 안 하는 말인데,

네가 뭘 안다고 그렇게 말하는 거지?

처음에는 나 또한 자신 있었다. '그들의 말 따위에 흔들리지 않을 자신'이 정말로 있었다. 의미 없는 사람들의 헛소리라며, 신경 끄고 지나치면 될 일이라고 생각했다.

그런데 막상 '함부로 던져진 말'에 상처를 입은 당사자가 되어보니 쉽지 않았다. 의지와 상관없이 심장이 '함부로' 나대는 기이한 현상을 체험했고, 내 소중한 해마가 자학하는데 '함부로' 가동되는 걸 느꼈다.

문제는? 나를 사랑하지 않았기 때문이야

시간이 지나자 사람들을 향했던 분노의 감정은 나를 향하기 시작했다. 얼마나 나를 믿지 못하면, 얼마나 나에 대한 확신이 없으면, 나에 대해 잘 알지도 못하는 사람들의 말에 번번이 휘둘리고 괴로워하는지, 스스로가 미워지기까지 했다.

내 두통, 분노, 방황의 원인은 명확했다. 사람들의 말에 힘들어하는 '나 자신의 못남'을 견딜 수 없었기 때문이었던 거다.

나는 현실을 직시하기로 했다. 함부로 말하는 사람들은 사라지지 않을 것이다. 나를 싫어하는 사람은, 나를 공격하는 사람은 곳곳에서 출몰할 것이고, 누군가가 던질 '함부로 폭격'에 대비해 방어 태세로 전환할 수밖에 없다. 그들을 바꿀 수는 없다. 내가 바뀔 수밖에 없겠다.

그래서 나는 나를 사랑해 보기로 했다. 사람들에 대한 원망과 분노의 시간을 온전히 '나를 사랑하는 시간'으로 바꿔 보기로 했다. 듣고도 흘려버렸던 'Love yourself'라는 말에 'OK'라고 응답하기로 했다. 함부로 버려진 나 자신을 지킬 방법은 '셀프 러브'뿐임을 인정하기로 했다.

함부로 내 얘기하는 사람들에게, 당당해지기 위해서

잘난 것도 없고, 딱히 내세울 것도 없지만, 그래도 이 한세상 열심히 살려고 노력하는 평범한 사람의 이야기가 세상 밖으로 나오게 되었다.

내가 나를 사랑하지 못해서, 스스로를 얼마나 방치하며 살아왔는지, 이번 작업을 통해 뼈저리게 느꼈다고 감히 고백해 본다. 그리고 이 고백들을 통해 위로받고 싶다. 사람들도 나와 같은지, 나와 똑같이 화가 나는지, 나처럼 많이 아픈지, 어떻게 이겨내며 살고 있는지에 대해서도 공감하고 싶다.

남들보다 조금 늦게 가도 괜찮은 나, 상처 주는 친구 정도는 과감히 잘라내는 단호함을 가진 나, 혼자 있는 시간을 소중히 만들어 가는 나, 남의 시선 따윈 의식하지 않고 내 멋대로 살고 싶은 나, 이런 '내'가 되기 위한 노력들이 나를 사랑하게 되는 과정이라 생각하고, 함부로 내 얘기하는 사람들로부터 나를 지켜내는 내공을 키울 방법이라고 생각한다.

그리고 이런 내 생각에 공감하는 누군가가 있다면,
'셀프 러브, 오늘부터 1일'을 같이 외쳐 보고 싶다.

차례

프롤로그 · 4

셀·프·러·브 I —— 빨리 웨이 말고 마이 웨이

열일과 백수의 무한 반복… 이거 실화냐? · 19
우리는 목표 달성 트라우마 속에 살고 있다 · 23
통장이 텅장 되면 아무것도 할 수 없어 · 26
애쓰고 살아서 무엇… 할 수도 있어 · 30
나는, 보편적인 사람이 되고 싶어서 · 35
인생 '기생충'은 노 생 큐 하겠습니다 · 39
무기력은 혼자 극복할 수 있는 것 · 44
세월을 정통으로 맞아 억울하고 분해도 · 49
스스로에게 독함을 강요하지 않기 · 54
나도 변하고, 꿈도 변하는 것 · 60
세상에 반드시 '해야 할 일'은 없어 · 63
빨리 가지 않기 위한 '첫'을 만들어 보기 · 67
누가 평범을 찌질하다 했는가 · 71
나 없는 회사… 망할 줄 알았지? · 76

셀·프·러·브·Ⅱ — 거침없이 인맥 다이어트

- 내가 망하길 바라지 마세요 · 83
- 축의금, 그 민감함 357 게임 · 87
- 슬기로운 호구 생활을 위하여 · 90
- 나 혼자만 애쓰는 친구 관계의 종말 · 95
- 듣고 싶은 말을 해 주지 않는 '좋은 친구' · 99
- 어쩌다 우연히 만난 친구를 대하는 법 · 104
- 너에게, 하기 힘든 말의 골든 타임 · 108
- '그냥' 아는 친구 VS '진짜' 아는 친구 · 112
- 저기… 뭐 줄 돈도 없습니다만 · 117
- TMI 밀당이 즐겁게 느껴지는 '너'란 존재 · 121
- 선을 넘는 친구는… 대략 절교각 · 125
- 친구 사이에도 '원래 그런 것'은 없어 · 130
- 너의 지갑은 언제쯤 열릴 수 있을까 · 134
- 스마트폰 대청소하는 날 · 140
- 너의 웃음 속에 숨어 있는 1cm의 비밀(ft. ㅋㅋㅋ) · 144

셀·프·러·브·Ⅲ —— 함부로 내 얘기 하지 마

함부로 내 얘기하지 마 · 151
내 감정의 스포일러가 될 것 · 155
나만 그런 게 아니구나 · 159
재미없는 사람이 되려고 노력할 필요도 있어 · 163
누구나 프로 불참러를 꿈꾼다 · 167
'누가 볼까 무서워서' 못 하는 걸 줄여 보기 · 172
생일 파티는 셀프서비스입니다 · 175
이유 없이 나를 싫어하는 사람을 받아들일 것 · 180
우리가 '어른이'로 사는 이유 · 184
너를 나보다 더 사랑할 수는 없어 · 188
쉽게 친해질 수 없는 사람이 되고 싶어라 · 193
나를 너무 수그린 사랑은… 새드 엔딩 · 198

셀·프·러·브·Ⅳ ─────────── 혼술이 가장
자연스러워

내가 결혼하지 않아도 괜찮을까 · 205
"오늘 뭐 하니"라고 묻는 선배가 되지 말기 · 209
혼술이 자연스러워 · 213
비혼식, 아직은 쑥스럽지 말입니다 · 218
혼자인 듯, 혼자 아닌, 혼자 같은 나 · 223
잃어버린 나의 '갬성'을 찾아서 · 228
여자 사람 친구, 남자 사람 친구는… 공공의 적?! · 233
가장 보통의 이별을 할 수 있어야 진짜 '혼자' · 238
미워도 다시 한번… 만나본들 · 242
럽스타그램이 흑역사가 안 될 자신 있어? · 246
100 퍼센트의 사람을 만날 수 없다면 · 250
당신은 실수하기 위해 태어난 사람이 아니야 · 255
갖고 싶으면 버려야 하고, 버려야 가질 수 있어 · 259

셀·프·러·브·V — '척' 하고 살지 않아

나답지 않게 심한 말이 튀어나오는 이유 · 265
나의 복화술에 응답해 줄 사람은 아무도 없어 · 270
인싸 되려다 아싸 된다 · 273
영혼 없는 공감 요정은 거부하겠습니다 · 277
남의 칭찬을 믿지 않으면 인생이 팍팍해진다 · 282
명품을 버리니 마음이 가벼워지네 · 286
어차피 아무도 알아주지 않는다 · 291
지금은 '욱'을 참아야 할 타이밍 · 294
"몇 살로 보여요?"라고 되묻지 말 것 · 299
카페인은 충분한데… 카페인 우울증이라니 · 302

셀·프·러·브·I

빨리 웨이 말고
마이 웨이

퇴근
전 ~~퇴사~~하고 싶습니다만

열일과 백수의 무한 반복…
이거 실화냐?

저축한 돈을 여행하는 데 다 써 버리고,
또 일하고, 다시 여행을 떠나고….
이 사이클을 반복하는 한 후배가 이런 말을 했다.

"선배님! 일하지 않는다고 놀고 있는 게 아닙니다!!"

나는 이 말이 도저히 이해되지 않았다.
저딴 말은 인스타에 올리고 싶은 어린애들의
과시욕일 거라고 여겼다.
그리고 그 후배의 앞날을 걱정했다.
내가 너 나이 때는 어떤 적금을 들었고,

어떤 보험을 들었으며, 또 백수라는 게 얼마나
절체절명의 위기 상황이었는지를 강력하게 피력했다.
이를 들은 후배는 씩 웃었을 뿐,
자신의(무계획 같아 보이는) 계획대로 살아갔다.

나의 걱정을 비웃기라도 하는 듯
이렇게 사는 후배들은 점점 늘어난다.

8회짜리 방송 하나 끝나면, 2개월 쉬고 다시 일한다.
12회짜리 방송 마무리되면, 3개월 쉬고 다시 일한다.

소위 '한 시즌'이라고 부르는 방송 기간이 끝나면
요즘 후배들은 휴가 일정을 잡는다.
여행을 가든, 무엇을 하든지 간에….
돈을 많이 벌어놓은 것도 아니다.
주급 15만 원이었던 세기말 수입에 비하면 나아졌지만,
프리랜서 작가들은 아직도 최저 시급으로 일을 시작한다.
그런데도 그들은 인생에서 중요한 건
'저축과 안정된 일자리'가 아니라고 한다.

let it go~ 🎵 let it go~ ♪

3개월 일했으니, 3개월 놀아볼까?

프리랜서를 선택한 건 시간을 마음대로 조율할 수 있는
메리트 때문이었다고 말한다.

20년 동안 한 달도 쉬어본 적 없는 나로서는,
그래서 변변한 장기 휴가 한번 다녀와 본 적 없는 나로서는,
그들이 올라탄 살얼음판 인생이 무척 위태로워 보인다.
하지만, 그들은 오히려 자신들이 안정적이라고 말한다.
빨리 달리지 않아도 어차피 지구는 돌고,
내일은 내일의 태양이 뜨고,
내가 한 템포 쉰다고 해도 지구가 멈추는 것도 아니고,
내일의 태양이 안 뜨는 것도 아니기 때문이라고 한다.

3개월 열일하고, 3개월 백수로 사는 순환적인 삶….
요즘 애들이 아닌 나로서는 이해할 수 없는 그들의 삶은
'실제 상황'이다.
그리고 그들은 오늘도 말한다.

"선배님! 일하지 않는다고, 놀고 있는 게 아닙니다!!"

우리는 목표 달성 트라우마 속에 살고 있다

작가 초년 시절 담당했던 프로그램명 〈목표달성! 토요일〉
"무엇이든 하나의 명확한 목표를 가져야 한다"는 뜻에서
붙여진 이름이었다.

'꼴찌를 탈출한다'는 목표의 〈꼴찌탈출〉
'재민이를 밝고 건강하게 키운다'는 목표의 〈god의 육아일기〉
'한 여자의 사랑을 쟁취한다'는 목표의 〈애정만세〉

이밖에 수많은 코너가
'목표가 뭐야?'라는 명제 아래 논의되었다.

목표가 명확하면 좋은 아이디어!

목표가 애매하면 휴지통 아이디어!

'세운 목표를 얼마만큼 달성하느냐'의 정도에 따라

시청률 수치도 정비례로 도출되고 있었으니,

남의 '목표 달성'에 참 관심들도 많았다.

몇 년 동안 〈목표달성! 토요일〉 팀에 있으면서 얻은 건

일상생활에서 불쑥불쑥 맞닥뜨리는 '직업병'이었다.

'목표'가 없으면 사는 것 같지 않았다.

지금 내가 하는 목표가 뭘까?

나는 이 카페에 왜 앉아있을까?

나는 지금 왜 걷고 있을까? 왜 달릴까?

이유와 목표 없이 그 사람에게 전화를 걸어도 될까?

어느새 나의 뇌 구조는 언제나

'왜, 목표, 이유' 같은 키워드가 점령하고 있었다.

목표가 없으면 불안했고, 사회에서 도태될 것만 같았다.

그 사이 강산은 두 번 바뀌었고,
신기하게도 현 방송가의 트렌드는 정반대가 되었다.
'목표 달성'은 '목표 없음'으로 바뀌었다.
끼니때가 되면 밥 먹고, 어느 날 훌쩍 여행을 떠나는
소위 '힐링'을 표방한 방송물이 주류를 이룬다.
정확한 목표에 따라 움직이는 '빡빡함'보다는
어차피 한 번뿐인 인생 '빡빡할 필요 없다'는 인생관이
반영된 현상이다.

목표를 달성해야만 완벽한 삶이라 생각해 온
사고방식을 버리기에는 멀리 온 듯도 싶지만
이제라도 '목표 달성 트라우마'에서 벗어나
2% 가벼워지고 싶다.

통장이 텅장 되면
아무것도 할 수 없어

나에게 통장은 '이름을 부르는 순간 꽃으로 피어나는'
그런 존재가 아니었다.
최저 임금 바닥을 뚫고 시작했던 프리랜서에게 '돈'이란
모으는 것이 아니라, 하루살이를 위한 생존의 도구였다.
그래서 '저축'은 '포기할 수밖에 없는 것'이라고 생각했다.
그 흔한 수당 하나도 나에게 해당하는 건 없었다.
메뚜기처럼 이리저리 뛰어다니다 보니 지금도 4대 보험은커녕
퇴직금도 없는 인생이며, 소속감 따위는 애당초 가져본 적도 없다.

그래도 최저 임금 이상의 돈이 통장에 들어오기 시작하자
저축을 해 보고도 싶었다. 하지만, 나는 그런 스타일과는

거리가 아주, 많이, 먼 스타일이다.
한 가지 소비에만 미쳐도 파산각이라는데,
쇼핑도 참 열심히 하고, 술은 더 열심히 마셨다.
은행에 입사한 친구 추천으로 만든 청약 통장이
20대 내 유일한 재산이었다.
천문학적 액수를 버는 연예인을 가까이 보는 직업이다 보니
죽었다 깨어나도 따라갈 수 없다는 의욕 상실 같은,
이런 니힐리즘적 심리도 좀 거들었을 거라고
살짝쿵 변명을 곁들여 본다.

그래서 나는 돈이 없다.
예전이나 지금이나 내 통장은 늘 푸른 소나무같이 한결같다.
그러던 어느 날 나에게 제대로 현타를 먹인 일이 터져 버렸다.
시간이 나서 여행을 가려는데,
돈을 꾸지 않으면 갈 수 없는 '텅장의 현실'을 확인한 거다.
주변에 사정을 얘기했더니,
'이 정도로 무일푼인 건 네 잘못이다'라는 말이 돌아왔다.
'아니 나는 프리랜서고 어쩌고…' 이런 말을 아무리 늘어놔도
나를 위한 변명은 존재하지 않았다.

"그래도 평범한 저축 정도는 하고 살아야지….
야! 너 집에만 있을 거야?"

생각해 보니 밖에서 뭘 하려고 하면
현실은 다 '돈, 돈, 돈' 돈이었다.
세상은 하라는 것도 많고, 가 보라는 곳도 많은데
이 중 돈 없이 할 수 있는 게 뭐가 있을까 생각해 보니,
없었다. 정말로 없었다.
'무작정 떠나는 여행, 무일푼으로 세계 일주'
이런 책들이 널렸지만, 어쨌든 비행기는 타야 하고,
밥은 먹고 다녀야 하는 거였다.
결국 '텅장'보다는 '통장'을 가진 사람이
하고 싶은 걸 할 수 있다는 엄연한 현실 속에서 나는
'무작정, 무일푼'의 행간을 읽지 못한 것이다.

그날부터 나는 하고 싶은 걸 하기 위해서
'돈'이란 걸 모아보기로 했다.
일단 한 달에 30만 원씩 붓는 10년짜리 적금으로 시작했다.
그리고 바닥이 보이지 않게끔 통장을 관리하는 습관도

놓지 않으려고 애쓴다.
가끔 위기의 순간이 찾아오긴 하지만 말이다.
사람과 사람의 관계도 그 밑바닥을 보면 끊어지듯이,
통장도 그 밑바닥을 보면 집 밖으로 나갈 힘을 끊어 버린다.
그래서 나는 통장의 밑바닥을 보지 않기 위해,
밑 빠진 독처럼 보이는 그것에 조금씩이라도 붓고 또 붓는다.
그리면서 주문을 외운다.
텅장 되면 큰일납니다.
텅장 되면 큰일납니다….

비나이다 비나이다
텅장이 통장되게 해 주소서~~

애쓰고 살아서 무엇…
할 수도 있어

아이고 애쓴다, 애써….

이 말은 세상이 마냥 달콤하지만은 않았던 셀프 푸념이었다.

가질 수 없는 것에 대한 '반쯤 포기 선언'이었을 수도 있다.

세상은 나에게 '답정너'였다.

아무리 열심히 공부해 봤자, 1등은 정해져 있으니 넌 아니야.

아무리 토익 점수를 올려 봤자,

대기업 붙는 애는 정해져 있으니 넌 아니야.

아무리 사랑한다고 말해도, 그의 이상형이 아니니 넌 아니야.

어차피 답은 정해져 있어서, 난 주인공이 될 수 없는데

일말의 기대로 애쓰는 자신이 짠하다가, 한심하다가, 미웠다.

이럴 때마다 나에게 현실은 외면하고 싶은 거추장스러움이었고,
도달의 한계치가 정해져 있을 것이므로
필요 이상의 애를 쓰지 않았다.

그런 자신에게 주문처럼 하는 말이 있다.
애써서 무엇 하리… 결과는 정해져 있는데….
난 지금 못 하는 게 아니라, 안 하는 거다.

'1등 따위' 안 해도 괜찮다며, 나는 언제나 목표를 '낮게' 잡았다.
1등은 어차피 정해져 있으니, 그냥 10등을 목표로 하자….
애당초 나의 꿈은 1등이 아니라 10등이니,
5등을 하면 얼마나 기쁠까?
1등이 목표였는데 5등을 하면 같은 등수라도
기분 더러울 텐데 말이야… 이런 마음이었다.
그래서였을까… 잡히지 않을 것 같은 것에 매달리지 않았고
내 맘대로 안될 것 같은 사랑은 일찌감치 포기해 버렸나.

애써서 무엇 하리… 결과는 정해져 있는데….
나는 지금 못 하는 게 아니라, 안 하는 거다.

근데(인정하고 싶진 않지만) 속마음은 달랐다.
사실은 1등이 하고 싶었다.
나에게 1등은 현실 외면의 핑계 '신 포도'였던 거다.
눈앞에서 나를 앞서가는 것들을 쿨한 척 외면해 버렸지만,
찰나의 상처를 덮는 데만 급급했을 뿐,
더는 큰 꿈을 꿀 수 없는 인간으로 스스로를 길들이던 거다.

세상은 어차피 답정너인데…
애쓰지 말자고!

애쓰지 않고 사는 나란 인간… 정말 재미도 없고, 감동도 없다.
박막례 할머니도, 할담비 지병수 할아버지도
뭔가 될 수 있다는 희망을 버리고 살았다면
오늘의 모습이 아닐 텐데 말이다.
조금씩 애쓰면서 순간을 즐겨온 결과,
늦은 나이에 '최고의 나'를 발견한 걸 텐데 말이다.

최고를 목표로 사는 건 단순히 1등을 목표로 사는 게
아닌가 보다.
높은 목표를 사전 차단한 대신,
큰 사건 사고는 없었으니까 감사한 마음도 있지만,
'고구마 먹고 사이다 못 마시고 있는' 듯한 나의 인생에
이젠 변화가 필요함을 느낀다.

'세상이 답정녀'로 돌아간다는 사실에는 변함이 없고,
여전히 되는 놈들은 내내 잘되고,
안되는 놈은 기를 써도 안되는 세상이지만,
이젠, 애를 좀 써 볼까 한다.
이건 순전히 내가 재밌게 살기 위해서다.

'애쓴다, 애써' 하며 주변에 던졌던 냉소의 시선을
좀 거둬들이고, 단절해 버렸던 마음의 빗장을
조금씩이라도 열어볼 생각이다.

'애써서 무엇하냐'며 자조했지만,
'애써서 무엇…' 할 수도 있을 것 같다는 생각으로 말이다.

×

단, 애를 쓰긴 하겠지만, 기를 쓰고 살 수는 없다.
이건 또 다른 스트레스가 될 거니까.

나는, 보편적인 사람이 되고 싶어서

함께한 시간도 장소도 마음도 기억나지 않는
보편적인 사랑의 노래

브로콜리 너마저의 '보편적인 노래'를 들으면서,
'보편적'이라는 것에 대한 의미가 궁금해졌다.

어딜 가나 중간에 들어맞고, 어떻게든 무난하게 통하는 느낌,
평범하고 익숙해서 존재감조차 느낄 수 없는 느낌,
화려하지 않은, 표나지 않는, 튀지 않는,
그런 느낌이 '보편적인 느낌'이었고,

내가 살고 싶었던 삶이 바로
'보편적인 삶'이었다는 확신이 들었다.

그래서일까 사람들 사이에서 튀는 행동을 금기시했다.
혹시라도 주목받을까 봐 뒤로 숨어 버리는 게 일상이었다.
내가 있는 집, 학교, 직장을 뛰쳐 나가볼 엄두도 내지 않았다.
지금 있는 이곳에서 모나지 않게 사는 것,
그것만이 '보편적 정신'에 투철한 삶이라고 생각했고,
그래야 두루두루 평온하게 살 수 있다고 생각했다.
상대적으로 직장을 쉽게 바꾸거나,
돌연 유학을 떠나는 친구들이 무모해 보이고 위험해 보였다.

그런데 세월이 흘러 마주한 나의 모습은 예상과는 달랐다.
사는 곳에서 떠날 생각을 하지 않았던 나는,
보편적이라기보다는 '특정 집단의 전형적인 사람'의
이미지를 갖게 되었다.
인생의 터닝 포인트를 적극적으로 만들며 살아온 친구들이
오히려 내가 바라던 모습이었다.

이제 떠나가 볼까?
보편적 유니버스를 향해!!

그들은 여러 곳과 부딪치면서 외부의 보편성과 자신을 비교했고,
경험으로 얻은 데이터를 토대로 스스로에 균형감을 부여했다.
그러면서, 보편적 인간으로 발전해 온 것이다.

웅크리는 한 '보편적'이란 타이틀을 가질 수 없음을 깨달았다.
때로는 일탈도 하고, 파격적인 결단도 해 보고,
시선을 한곳에 두지 말고,
어쨌든 다른 곳의 '저세상 텐션'을 느껴봐야 했던 거다.
그래야 어디서나 인정받는 '보편적인 사람'의
평균치를 찾을 수 있었던 건데, 그걸 모르고 살았다.

보편적인 세계관은 '너의 세계와 나의 세계가 만나는 순간'
탄생하는 습성이 있고,
그 속에 내가 찾았던 평온한 삶이 숨어 있음을 알 것 같다.
그래서 이젠 '파격 결심'이라는 걸 해 보려고 한다.
눈 막고, 귀 막고, 내내 외면하고 살아왔던 세상들의
'웰컴 투!' 제안에 응답을 해 보려고 말이다.

인생 '기생충'은
노 생 큐 하겠습니다

영화 〈기생충〉을 보면서 현존하는 계급의 잔재라든지,
모순적 인간에 대한 사이다 한방이라든지,
봉테일만이 가능한 깨알 웃음 포인트라든지,
할 말은 많았지만, 나에게 처음 든 생각은 이런 것들이 아니었다.
"어! 저 집 옛날에 살던 우리 집이랑 비슷하네!!"
이런 애잔한 동질감이 먼저 느껴졌을 만큼,
우리 집은 경제적으로 무척 어려웠다.

근데, 우리 집은 뭔가 이상했다.
찢어지게 가난했지만, 나의 학창 시절은 부족하지 않았다.
지하 단칸방에 살았는데,

벽을 만들어 공부방을 만들어 주었고,

지하 방에 물이 차면, 독서실로 떠다밀어 버리는 바람에

물을 퍼 나른 적도 없다.

대학교 때는 엄마가 멈추지 않고 물어다 주는 과외로

등록금을 어렵지 않게 마련했다.

나는 내가 흙수저라는 생각은 해 본 적이 없고,

덕분에 늘 해맑았다.

그런 내 생각이 '착각'이라고 느낀 건, 취업의 길목에서였다.

취업의 목전에서 친구들은 냉정하리만치

서로의 갈 길만을 바라보았다.

그리고 그 길의 끝에는 '보이지 않는 계급'이란 게 있었다.

엄마 찬스, 아빠 찬스처럼 '백업'이 있는 부류와,

나 같은 부류는 명확히 갈렸다.

'플랜 B'가 있는 친구들은 토익과 자격증 공부에서

그만큼 자유로웠다.

이력서에 한 줄 더 쓰려고 자격증에 목숨 거는 내가

초라하게 느껴졌고,

나 혼자만 '졸업'이 두려운 취준생이라는 생각이 들었다.

그 두려움은 최고조로 치달았고 결국 휴학까지 해 버렸다.
친구들에게는 그냥
'졸업 전 여유 있는 생활을 해 보고 싶어서'라고 거짓말을 했다.
그들은 왜 그렇게 계획 없는 휴학을 하냐며 걱정했다.
남의 속도 모르고….

아무도 없었다. 이제부터는 나 혼자 헤치고 나갈 시간이었다.
캡틴 아메리카 할아버지의 방패가 가로막고 있다 해도
그 단단한 취업의 문을 뚫어야 했다.
일 년간의 휴학 기간을 어떻게 보낼 것인지
나름 비장한 심정이었던 나는
'내 강점이 뭘까, 뭘 제일 잘할까'부터 생각했다.
돈도 없고, 백도 없는 내가 가진 건 아무리 생각해도
'오기와 끈기'뿐이었다.
그렇게 나는 나의 개천을 온몸으로 느껴보기 위해,
'오기와 끈기'를 총동원해 보기로 했다.

차 한 잔을 마시든, 학원을 가든, 공부를 하든
일단 돈이 있어야 하니 닥치는 대로 알바를 했다.

과외와 도서관 사서부터 주방 설거지, 카페 서빙, 골프장 캐디까지
육체노동, 정신노동을 마다하지 않고 '열일'했다.
그 돈으로 외국어 학원을 새벽반에 등록했고,
방송 아카데미에 다녔으며,
밤에는 각종 응모전에 접수할 글을 썼다.
아빠 찬스로 취업에 성공한 친구를 조금 부러워하고,
살짝 자극도 받으면서 나는 나만의 방식으로 세상 공부를 했고,
일 년 후 복학했고, 취업했다.

지금도 이판사판 부딪히며
세상과 부딪쳤던 휴학 시절을 기억한다.
내가 잡초임을 인지하게 한 것도,
콤플렉스라는 감정을 처음 느낀 것도,
무임승차 가능한 친구들을 향한 부러움 때문이었는데,
물론 그들은 지금도 젖과 꿀이 흐른다는
강남 한복판에 살고 있지만, 이젠 그들이 부럽지 않다.
그냥 천천히 가는 듯,
생각 없이 사는 듯 보이는 내 인생이 재밌다.

너희들 허허벌판에 버려지면
어떻게… 혼자 힘으로 살아남을 수 있겠니?
너희는 그때마다 엄마 찬스, 아빠 찬스를 외치며 달려왔지만,
나는 궁지에 몰리면 내 이름을 외치며 살길을 찾아왔고,
앞으로도 그럴 거란다.
고로 치소한 내가 너희들보다
생존력 하나는 끝내줄 거란 말이다.
이젠 '백 없는 것도 백'이라고 자신 있게 말할 수 있단 말이다.

무기력은
혼자 극복할 수 있는 것

만사가 귀찮은 무기력 증상은 주기적으로 찾아온다.
그 증상이 며칠 짜리라면 멍 때리는 것도 약이거니, 하며
이겨낼 수 있는데, 오랫동안 무기력하면
평생 이러고 살지 모른다는 생각에 울렁증이 엄습해 온다.

내가 이런 '무기력' 증상을 처음 느낀 건
고등학교 3학년 때였다.
하고 싶은 것도 없었고, 가고 싶은 과도 없었다.
매일 진학 상담을 해 주던 담임 선생님도 지쳤는지
지원 학과란을 비워놓은 채 알아서 하라며
원서에 도장을 찍어 주었다.

"이렇게 상담을 하는데 왜 하고 싶은 게 없냐"며
선생님은 답답해했는데, 답답한 건 나도 마찬가지였다.
세상에 마상에…. 가고 싶은 과가 진짜로 없었다.
당시 내 삶의 8할은 서태지 빠순이었고,
그런 내 삶에 나름 만족도도 컸다.
태지 오빠에게 사랑을 맹세한 만큼
'환상 속의' 빠순이 생활을 바꿀 생각도 없었고, 그래서일까
'현실 속의' 수험 생활은 건조하고 무기력할 수밖에 없었다.
하지만 고3이고, 대입이라는 선을 뛰어넘어야 하며,
기왕이면 완벽하진 않더라도 내 미래를 긍정적으로
만들어줄 근접한 해답을 찾아야 했다.

그 시절, 무기력한 내가 선택한 방법은
'혼자만의 시간'을 가져보자는 것이었다.
차라리 '나라는 인간'에 대해 셀프 상담을 해 보기로 한 것이다.
내가 하고 싶은 건 뭘까? 왜 가고 싶은 과가 없을까?
도대체 내 꿈은 뭘까? 정녕 태지 와이프 말고는 없단 말인가….
지금 하고 싶은 게 없다면, 미래에 하고 싶어질 것은 있을까?
태어나서 처음으로, 오롯이 혼자,

나의 십여 년 인생을 스캔해 봤고,
'나에 대한 데이터'를 생각보다 단순하게, 수월하게
뽑아낼 수 있었다. 일기 쓰는 걸 좋아했고,
서태지 오빠에게 팬레터를 쓸 때가 가장 행복한 사람.
좋아하는 가사나 시를 필사하는 습관이 있고,
영화를 보면 늘 감상문을 쓰는 사람.
어쨌든 뭐라도 쓰는 걸 좋아하는 사람….
나는 망설일 것 없이 국문과에 원서를 냈다.
그리고 훗날 이와 관련된 꿈들을 갖게 됐고,
방송 작가를 업으로 삼게 되었다.

그 당시 '셀프 상담'의 시간이 없었다면,
나의 방황은 정말이지 길어졌을 것이다.
그렇게 무기력함을 극복했던 고3 시절부터 나는
혼자만의 시간을 통해 '힘든 나'를 충전하는 편이다.
가끔 지치고 우울할 때 누군가에게 속내를 터놓기도 하고,
위로받기도 하지만, 자려고 눈 감는 순간 조금 전 불안감은
그대로 남아있음을 느낀다. 그리곤 더 힘들어진다.

Q: 나는 왜 무기력할까요?
A: '나'한테 물어보세요

그래서 말인데, 충전 없이 한 발짝도 뗄 자신이 없을 때는
혼자만의 시간을 강추한다.
그 시간이 완벽한 정답을 주지는 않을지언정, 그 시간만큼은
내가 나를 위해 최선을 다하는 순간이라는 확신이 있으니까
나만큼 나를 잘 아는 사람은 없으니까
나만큼 나를 사랑하는 사람도 없으니까
'나라는 나'는 내 앞에서만 속내를 다 드러내는 요물이므로

나 말이다,
무기력 정도는 혼자 극복할 수 있는 존재란 말이다.

세월을 정통으로 맞아
억울하고 분해도

오랜만에 방송에 출연한 아이돌 출신 가수가 말했다.

세월을 정통으로 맞아서 죄송합니다.
실망하게 해 드려서 죄송합니다.

그는 자신의 리즈 시절을 기억하는 팬들에게 미안해하고
있었고, 그 이유를 '세월을 정통으로 맞았기 때문'이라고 했다.
변해 버린 모습에 제일 속상한 건 자기 자신일 텐데,
팬들에게 사과하는 그의 모습이 짠하게 느껴졌고,
동시에 나도 거울을 들여다보았다.

거울아~ 거울아~
나는 세월을 얼마나 정통으로 맞았니?

상대에게 내 나이의 흔적이 느껴지지 않으면 좋겠고, 그래서 세월이란 건 정통으로 맞기보다는,
비껴가고 싶은 게 흔한 사람의 마음이다.
왜 세월은… 비껴가고 싶은 걸까?
왜 세월을 정통으로 맞았다는 생각에 우울할까?
어느 순간부터 단순히 외모의 변함이 두려운 것보다는
나이에 맞는 '어른스러움'을 못 갖게 될까 봐, 그게 두려워서
그래서 '세월이라는 건 비껴가고 싶은 것'이 된 게 아닐까 하는
생각이 든다.

어린 시절 누구나 '멋진 어른 프로젝트'를 세운다.
좀 더 멋있는 어른이 되고 싶어서, 아웅다웅 공부하고
이열치열 취업하고 한 푼 두 푼 저축도 한다.
근데 살면서 뜻대로 되는 건 많지 않다.
모든 일이 의욕만으로 잘 풀리는 것도 아니고,
두둑한 통장도 갖기 힘들다.

장밋빛 노후를 그리기에 내 현실은 여유가 없고, 어디서부터
'나의 멋진 어른 프로젝트'가 엉켰는지 모른 채 답답하다.

체감되는 세월의 흐름은 점점 빨라지는데,
그 속에서 발견한 내 모습이 무기력하고 초라하게 느껴질 때,
그때가 '세월을 정통으로 맞았다는 생각'이 드는 시간이다.
가끔 '타임!'을 외치거나, '얼음!'을 외치며
작전 타임을 갖고 재정비하고 싶다.
근데 이건 내가 영화를 너무 많이 봐서 드는 생각일 뿐,
아무 의미 없는 넋두리라는 걸 안다.

그래서일까, 세월이라는 녀석은 아무리 붙잡고 애원해도
헤어질 운명이었던 연인같이 느껴진다.
눈물 흘리고 땅을 치며 붙잡아도 뒤도 돌아보지 않는 녀석이다.
역주행 열풍이 부는 시대에, 정주행만 고집하는 녀석이다.
'이 나이 들도록 뭐 했나' 하며 멘붕 상태인 나를 버려두고
쭉쭉 앞으로 가는 녀석이다.
따라잡으려고 과속해도 소용없고, 따라잡을 지름길도 없다.
조금이라도 빈틈을 보이면 강펀치를 쓰윽 들이미는 녀석,

세월이란 녀석은 그런 녀석이다.

문득문득 찾아오는 세월의 공격에
나의 분노는 오늘도 불타오른다.
하지만 억울하고 분하다고 느끼면서도 세월이란 나쁜 녀석을,
더럽고 치사하다고 느끼면서도 세월이란 나쁜 녀석을
얌전히 따라갈 수밖에 없다.
저 녀석은 호시탐탐 강 펀치 날릴 기회를 엿보며
나의 빈틈을 노리고 있기 때문이다.
세월을 정통으로 맞으셨네요.
이 말만큼은 정말 듣기 싫기 때문이다.

세월 님아~ 조용히 따라가겠습니다.
때리지만 마세요.

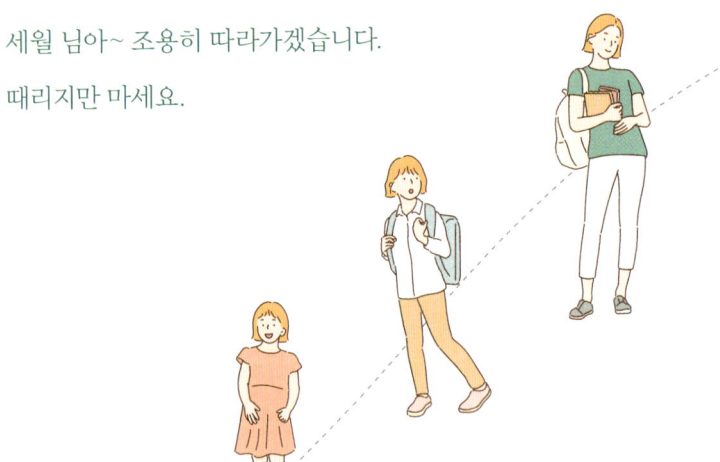

세월이 때릴수록,
맷집은 강해지는 사람이 되기로 했다

스스로에게
독함을 강요하지 않기

연말이 되면 일 년 동안 쓴 다이어리를 보며,
'셀프 연말 결산'을 한다.
내년으로 이월될 올해의 계획을 보며 나오는
깊은 한숨은 예정된 수순이다.
이 중 내 고정 레퍼토리는 (또×또) 실패한 다이어트다.
최종 목표는 언제나 5kg 감량이고, 연초에는 여유가 넘친다.
나를 사랑하는 다이어트! 요요 없는 다이어트!를 위해
무리해선 안 되기 때문이다.
한 달에 0.5kg씩 빼도 성공이라고 생각하면,
내일부터 빼도 된다며 마음마저 느긋해진다.
벌써 3kg 이상은 빠진 것 같은 느낌적 느낌이다.

그러다 석 달이 지나면 한 달에 1kg 감량으로 계획을 수정한다.
또 그러다가 반 년이 지나면 마음이 급해지고
샐러드 폭식을 시작한다.
폭식이 폭음을 부르는 내 오장육부는
양심 불량임을 자각하지만,
이미 폭발한 식욕은 어찌할 도리가 없고,
다이어트는 다시 내년의 목표가 되어 버린다.
이런 내 모습은 몇 년째 루틴인지조차도 까마득하다.

오늘 할 일은 내일로 미뤄도 괜찮아.
안 되는 걸 억지로 하지 말아…. 할 수 없는 거잖아.

이렇게 사는 나에게도 큰 불만은 없지만
매년 다이어트를 명분으로 한 승부욕은 끓어오른다.
그러면서 보란 듯이 증명하고 싶다.
나도 '독할 수 있는 사람'이란 걸 말이다. 하지만 매번 실패다.
난 '정말 영원히 독할 수 없는 사람'인가 보다.
단 하루라도 독한 사람으로 살아보고 싶다.
나를 공격하는 사람에게 '반사'를 외치는 성깔도 있으면 좋겠고,

회의 때 앞뒤 안 보고 내 의견을 강하게 밀어붙이는
강인함도 지니고 싶다.
근데 애당초 나에겐 그런 DNA가 없는 것 같다.
사람들은 나에게 두부처럼 물러 빠지고, 화도 잘 못 내고,
진지한 상황에서도 실실 웃는 사람이라고 한다.
간절하면 독해진다는데 사람이 얼마나 간절한 게 없으면
이렇게 물러 터졌나 싶기도 하다.
나의 작은 소망이 있다면,
'저 사람 무섭다, 저 사람 독하다'란 얘기 한번 들어보는 거다.

독한 사람이 멋있어 보이는 이유는
근성 있는 사람으로 보이기 때문이다.
강한 근성이 있어야
성공해서 근사한 사람이 될 거라 생각했다.
하지만 다이어트 계획 하나도 컨트롤 하지 못하고,
남의 독한 모습을 부러운 시선으로 바라볼 수밖에 없는 게
나란 인간의 현주소다. 그런데! 최근 더 큰 고민이 생겼다.
스스로도 예상치 못한 '낯선 모습'을 자주 발견한다.

내가 좀 이상해졌다.

상대의 말과 행동에 지나치게 '방어적'으로 변해 버린 거다.

'일 년 내내 다이어트 하냐'고 물어보는 지인의 물음은

'근데 왜 항상 그대로야?'라고 시비를 거는 것 같이 들리고

'누가 살쪘냐'고 물어보면,

'살찐 게 아니라 부은 거'라며 신경질을 낸다.

그러고는 '야, 거울 보고 니 붓기나 신경 쓰시지' 하는

마음까지 생긴다.

독하지 못한 나를 보호하고 싶은 본능은

나를 이렇게 변신(?)시키고 있었고,

이대로 방치시켰다가는 사춘기 지난 지가 언제인데….

제대로 비뚤어질 것 같다.

어차피 '독한 사람'이라는 건 몸에 맞지 않는 옷이었다.

'사람이 독하다'라는 것도, 성향 중 하나일 뿐인데,

나는 그걸 성공의 유일한 잣대로 생각했고,

안 맞는 옷을 억지로 입으려 했다.

그 결과 남겨진 건
'오늘은 어떻게 강한 척을 할까? 어떻게 센 말을 던져볼까?'
하는 생각에만 급급한 자기방어적인 사람뿐이었다.

이젠 독해지려는 노력은 내려놓기로 했다.
'안 되면 되게 하라'라는 말은
적당히 살고 싶은 사람에게 가혹한 형벌임을 알겠다.
지금 순간도, 내가 아닌 내가 되기 위해 애쓰는 시간은
후회로 남을 것임이 틀림없다.

오늘 할 일은 내일로 미뤄도 괜찮아.
되면 좋고, 안 돼도 할 수 없고…

나도 변하고,
꿈도 변하는 것

시트콤 〈프렌즈〉의 친구들은 서른의 목전에서 말한다.
"사람들은 서른 살 전에 많은 목표를 달성하잖아."
특히, 생일을 맞은 레이첼(제니퍼 애니스톤 분)이 가장 조급하다.

"나는 아이를 셋 낳을 거야. 그러니까 35세 전까지는 첫아이를 낳아야 하고, 그럼 34세에 임신을 해야 해. 근데 1년쯤은 신혼 생활을 하고 싶고, 33살에 결혼하면 되니까 3년 남았네. 결혼식 계획에 1년 반은 걸릴 거고, 약혼하기 전에 1년~1년 반은 사귀고 싶은데, 그럼 30세에는 그 남자를 만나야 하잖아. 그럼 지금 결혼 상대를 만나야 하는 거야."

그녀는 어린 시절의 꿈을 이루려면,

서른 살인 지금 결혼할 남자를 만나야 함을 자각한다.

현재 다섯 살 연하의 남친이 있지만,

결혼 상대로는 생각해 본 적도 없다.

근데 문제는 결혼 상대를 만나기 위해,

이 귀여운 남친을 밀쳐낼 용기도 없다는 거다.

결론은 한 가지뿐! 꿈을 수정할 수밖에 없다.

결국, 레이첼은 아이를 둘만 낳기로 계획을 수정하고,

연하남과의 연애를 1년 연장하겠다는 결심을 한다.

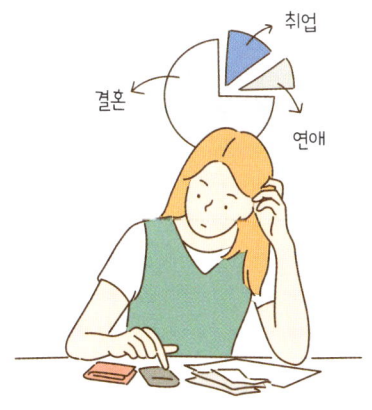

내가 꿈꾸던 순간과 마주했는데,
그 꿈이 내가 꾸던 꿈이 아니어서 놀랄 때가 있다.
'꿈을 꾸던 시점의 나'와 '꿈을 이루려는 시점의 나'는
전혀 다른 모습일 수 있기 때문이다.

내가 품어온 꿈 중, '절대선'인 것은 없다.
직업도, 이상형도, 그 무엇이든 다 바뀔 수 있다.
바뀐 나에 맞춰 꿈을 수정하지 않으면, 앞으로 나갈 수가 없다.

어릴 적 꿈에 집착해서 많은 기회를 놓쳐 버렸던 나와는 달리,
망설임 없이 삶의 방향을 수정해서 잘 사는 친구들도 많다.
서른 전에 결혼해야 한다며 스무 살부터 조급해하던 친구는
학위를 따기 위해 결혼을 미뤘고, 삼십 대에 결혼해서 잘 살고 있다.
속도위반으로 떠밀리듯 했던 어느 비혼주의자 친구의
결혼 생활은 지금 더할 나위 없이 행복해 보인다.
꿈을 수정해서 다른 길을 선택한 용기 때문에 가능했다.

나도 오늘 박제해 놨던 내 꿈 중에
심폐 소생할 게 있는지 좀 찾아봐야겠다.

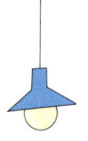

세상에
반드시 '해야 할 일'은 없어

어머! 이건 꼭 사야 해!
어머! 이건 꼭 먹어봐야 해!
어머! 여긴 꼭 가 봐야 해!

세상에는 왜 이렇게 '해야 할 일'이 많을까?
우리는 무엇에 떠밀린 듯한 기분으로,
죽기 전에 꼭 가 봐야 할 여행책을 펼치고,
죽기 전에 가 봐야 할 맛집을 탐색하고,
죽기 전에 당장 먹어야 한다는 건강식도 챙겨 먹어야 한다.
그래야 최소 남들만큼은 살 수 있을 것 같다.
처음에 취미 생활쯤으로 생각했던 '해야 할 일 리스트'는

기하급수적으로 늘어나는데, 여기서 남보다 뒤처진다는
느낌이 들면, 심한 의무감을 장착하게 된다.
그러다가 이 리스트엔 '집착'이라는 MSG까지 뒤범벅되고,
내가 하고 싶은 건지, 누가 시켜서 하는 건지에 대한
경계조차 모호하다.

그런데 집착했던 '해야 할 일 리스트'를 돌이켜 보면,
기를 쓰고 잡으려고 했던 것들의 대다수가
허상이었음을 알 수 있다.
하지 않으면 큰일 났을 일은 없었고,
죽기 살기로 매달려야 했던 일도 없었다.
영화 〈미션〉의 배경인 이과수 폭포에 꼭 가 보고 싶은데,
방송에서 빅토리아 폭포를 강추한다고 해서,
두 곳 모두 여행 계획을 짜기에는 무리가 따른다.
남미도 안 가 봤는데, 아프리카까지 갈 계획을 세우자니,
실속 없이 마음만 급해지는 거다.
사람들이 꼭 해야 한다고 했던 것들에 귀 기울여왔을 뿐인데,
어느 순간 이 지독한 열정은 독약으로 돌변해
나를 지치게 만든다.

내가 하고 싶은 것 VS 누가 시킨 것
어쨌든 선택의 주체는 나야 나!!

세상에 태어나 해 보고 싶은 일은 많지만,

반드시 '해야 할 일'은 없다.

하고 싶은 것보다는 '해야 할 일'에 치여서

기진맥진한 내가 된 것 같기도 하고,

시킨 사람도 없는데,

나 혼자 과부하에 걸려 허덕이고 있는 것 같기도 하다.

'해야 할 일 리스트'가 풍성하지 않으면 안 될 것 같고,

이게 없으면 정체불명의 금단 증상까지 생기곤 했지만,

이제는 브레이크를 걸어야 한다.

어차피 내 앞에 놓인 수많은 옵션 중 최종 선택자는 '나'다.

빨리 가지 않기 위한 '첫'을 만들어 보기

세상의 모든 첫 가슴엔 칼이 들어 있다.
'첫'처럼 매정한 것이 또 있을까. '첫'은 항상 잘라 버린다.
'첫'은 항상 죽는다. '첫'이라고 부르는 순간 죽는다.
- 김혜순 「첫」 中 -

어린 시절에는 '첫'이라는 말만 들어도 설렘을 느꼈다.
'첫'이라고 부를 일은 만들려 하지 않아도
해마다 자연스럽게 생겨났다.
첫 친구, 첫 직장, 첫 소주, 첫 커피, 첫 운전, 첫사랑, 첫 이별….
삶의 모든 것은 '첫'의 연속이었다.

호기심으로 '첫'의 뚜껑을 열고,

모험심으로 '첫'에 도전장을 내밀었고,

가끔의 무모함으로 '첫'과 치열하게 싸웠다.

'첫'을 만나는 순간이 새로운 나를 만들어가는 과정이었으므로,

'처음 만나는 것'에 매 순간 망설임 없이 마음을 열 수 있었다.

그런데 세월이 흐를수록,

'첫'이란 녀석과 점점 괴리감이 생겼다.

그냥 하던 대로 해, 그냥 쓰던 대로 써, 그냥 가던 대로 가….

아주 사소한 상황에서조차 '첫'을 배척하기 시작했다.

노래방을 가도 옛날 노래를 부르고,

가던 술집을 가서도 먹던 안주만 시켰다.

'익숙한 게 좋다'는 말을 습관적으로 뱉었고,

'낯선 것'에 마음이 동하지 않았다.

밋밋할지라도 평탄한 길이기에 굳이 골목길로

새고 싶지 않았고, 오르막이 지름길이라는 걸 알지만

땀 흘려 올라가고 싶지 않았다.

'첫'이라는 말을 들으면 귀찮고,
때로는 두려운 단어로 변형되어 읽히는 이유는
'첫'을 시작할 때의 과정을 기억하기 때문이었다.
그 과정의 끝이 항상 행복하진 않았고,
그 체득된 경험 때문에 실패부터 염려하는 사람이 되었다.

분명 그때는 험난한 미래가 눈앞에 빤히 보였지만,
'일단 돌격'을 외쳤다.
감수해야 할 리스크보다는 '첫'에 설레었던 시절이었다.
나는 어쩌다가 처음 시작하는 일에
겁부터 먹는 사람이 되어 버렸을까?
나의 '첫'을 만드는 과정은 이제 끝나 버렸나?
스스로 끝내 버린 건가?
그런 게 아니라면,
'첫'에 웃고, '첫'에 울던 그 스릴을 다시 찾고 싶은데 말이다.

남보다 늦게 갈까 봐, 뒤처질까 봐, 조급증에 사로잡혀
'첫'을 밀쳐냈던 내 삶에 '숨은 첫 찾기'의 미션을
다시 주고 싶다.

'첫'이란 말에 심쿵하던 나를 찾고 싶어

조금 돌아가더라도, 복잡하더라도
'첫의 설렘'을 느껴보고 싶다.

첫○○
'첫' 뒤에 붙여질 단어는 무한대다.
매일매일 빈칸에 무엇을 채울지 생각해 보기로 한다.

누가 평범을
찌질하다 했는가

영화 〈거북이는 의외로 빨리 헤엄친다〉에서
동네 스파이로 임명받은 주인공의 첫 미션은
'평범하게 살기'이다.
주인공은 '원래 살던 대로 평범하게 살라'는 임무를 받았을
뿐인데, 새로 태어난 느낌이다.
그동안의 무료했던 삶이 꼭 살아야만 하는 '의무'가 되자,
자신의 평범함이 특별함으로 바뀌는 경험을 한 것이다.
생각 없이 지나쳐온 일상이
사실은 가장 원했던 삶이었음을 깨닫는 순간이다.

우리가 사는 세상도 비슷한 것 같다.

정상을 향해 가는 도중 고꾸라진다거나,

공들였던 일을 포기해야 할 때,

'됐어, 그냥 평범한 게 살래'라는 말이 나도 모르게 튀어 나온다.

스파이 임무 수행까지는 아니지만,

예상치 못한 상황과 시행착오로 곤경에 빠지고

그 끝에 얻는 결론은 '평범하게 살고 싶다'는

외마디 절규인 거다.

태어나면서부터 평범하게 살고 싶었던 사람은 없었을 텐데,

약속이나 한 듯 한목소리로 '평범'을 꿈꾸다니

이 현상을 어떤 말로 설명해야 할까?

'평범한 삶'에 대한 외침은 어쩌면

'체념의 종착역'에 왔다는 자각일지도 모르겠다.

최고가 되지 못해서 정차할 수밖에 없는 곳,

멈출 수밖에 없는 곳,

낙오된 사람들이 찾게 되는 자기 합리화의 영역,

우리는 이 지점을 '평범'으로 받아들이는 것 같다.

그러므로 "아, 내가 이렇게 평범하게 살 줄이야" 하는 한숨은

자괴감 듬뿍 담긴 탄식일 수밖에 없다.

평범하면 찌질한 것 같고, 평범하다는 말을 들으면
루저가 된 기분이 드는 것도 이 때문이다.

그런데, 누가 평범을 찌질하다 했는가
그 찌질하다고 말하는 '평범함의 세계'는
생각보다 호락호락하지 않은데 말이다.
평범한 직장, 평범한 가족, 평범한 집, 평범한 취미….
이 모든 걸 갖춰야 하는데,
여기에는 다수가 동의하는 중간을 찾아내야 하는 고도의,
디테일한 스킬이 요구된다.

평범한 직장은 어느 수준인지, 평범한 가족은 어떤 구성인지,
평범한 집은 얼마인지, 평범한 취미는 어떤 트렌드인지….
쉬워 보였던 '평범의 조건들'은 말처럼 쉬운 것들이 아니다.

생각해 보면 '좋은 것과 나쁜 것'의 경계를 배웠지만
'평범하게 산다는 것'을 따로 배운 적이 없었던 것 같다.
말 그대로 평범해서 배울 필요조차 느끼지 못했고,
그래서 '그깟' 평범한 삶을 원했을 뿐인데,

이조차도 뜻대로 되지 않는 현실에 답답할 뿐이다.

하지만 녹록지 않은 '평범의 조건들' 때문에
내 소중한 멘탈을 놓아 버릴 수도 없으니,
이제라도 인정할 건 솔직히 인정해야겠다.

My life is "서칭 포 평범맨"

'그냥 대충 평범하게만 살면 좋겠다'는 추상적인 바람은 사실,
실현 가능성 희박한 소원을 별거 아닌 걸로 치부해 온
착각이었다고 말이다.
나는 지금, '평범하게 살면 좋겠어'가 아니라
'평범하게 살수만 있다면 소원이 없겠어'라는
간절한 외침을 하는 것이다.

지금까지 열심히 살아왔던 나의 모습은,
최고가 되기 위함이 아닌
평범한 삶을 향한 것들이었는지도 모르겠다.
내가 걸어온 모든 길에,
'평범한 나를 위해 노력한 흔적'이 묻어 있음을 돌아봐야겠다.
그리고 그 흔적들을 보면서 다시 한번 깨닫는다.
하루아침에 '겟' 할 수 있는 인생이 아니라는 걸.
평범한 인생이란.

나 없는 회사…
망할 줄 알았지?

세상에 소중하지 않은 존재는 없다고 했지만,
태초에 없다고 큰일 날 존재도 없었다.
어쨌든 나 없는 회사도, 세상도 별일 없이 잘 돌아간다.

이 사실을 인지하고 인정하는 데 오래 걸렸던 건
무너지는 자존감을 생각해서라도
받아들일 수 없는 불편한 진실이었기 때문이다.
한창 바쁜 시기에 여름휴가를 갔을 때였다.
외부에서 걸려올 전화가 많아
휴가를 가는 것 자체에 마음이 불편했고,
업무 전화 정도는 휴가지에서 받을 생각이었다.

정당하게 받은 휴가였음에도 바쁜 시기라 눈치가 보였고,
누군가에게 맡기기보다는
내가 하는 게 나을 거라는 생각이 앞섰다.
예상대로 내가 휴가 중임을 모르는 외부 사람들로부터
끊임없이 전화가 왔다.
멈추지 않는 통화 속에 서서히 지쳐 갔고,
피로감에 비례해 놀고 싶은 의욕마저 상실됐다.
결국 나는 2박 중 하루를 포기하고 출근해 버렸다.
억울한 생각은 들지 않았다.
회사를 위한 통 큰 양보는 뭐… 귀감까지는 아니라도,
칭찬 거리 정도는 될 줄 알았기 때문이다.
그런데 회사에서는 의외의 반응을 보였다.
미리 부탁하고 갔으면 왜 전화가 그쪽으로 갔겠냐며,
미련하다고 했다. 게다가 선배들은 불쾌해했다.
후배 휴가도 잘 못 챙기는 이상한 사람이 되어 버렸다며,
'일부러 그런 건 아니지?'라며 뼈있는 농담을 던졌다.
이건 좀 억울했다.
내가 아니면 안 될 것 같아서 했던 일들은
'괜한 짓'이 되어 버렸으니 말이다.

열: 열심히 하지 않습니다
정: 정말로 열심히 하지 않습니다

나에게도 후배가 생기고, 휴가를 보내 주고,
업무를 대신해 주면서 알게 됐다.
내가 없으면 큰일 날 것 같았던 일도,
없으면 없는 대로 돌아간다는 걸 말이다.
'나 없는 회사는 망할지도 모른다'는 생각은
착각에서 나온 '착한 생각'이었다.
앞뒤 안 보고 휴가는 떠나면 그만이고,
나의 빈자리는 언제든 채워질 준비가 되어 있다.

나 없이도 회사가, 세상이 잘 돌아간다고 생각하면
불타올랐던 열정과 책임감에 찬물이 끼얹어지는 것도
사실이지만, 이 사실이 내 삶에 쉼표를 주고,
적당한 리듬감을 준다는 사실이 더 중요한 것 같다.
나 없이도 회사가 잘 돌아가니 정말 감사한 일이고,
그러니까 조금 갓길로 물러나 있어도 괜찮은 거고,
때로는 잠시 사라졌다가 와도 신경 쓸 사람도 없는 게 진리다.

조금 덜 뜨거운 열정으로 일하고,
조금 더 뜨거운 열정으로 즐기는 사람이 될 필요가 있다.

셀·프·러·브·Ⅱ

거침없이
인맥 다이어트

착한 월급, 착한 식당, 착한…
착한 친구도 갖고 싶다

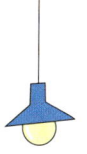

내가 망하길
바라지 마세요

좋은 일이 생겨서 누군가와 함께 나누고 싶을 때가 있다.
그런데 지인들과 나의 기쁨을 공유하며
맞닥뜨리는 현타가 있다.
예상만큼 진심 어린 축하의 말을 듣기 어렵다는 것이다.
당황한 나는 '내 인간관계가 이거밖에 안 됐나',
'내가 이 정도밖에 안 되는 인간이었나' 하는 자괴감에 빠진다.

나의 좋은 일에 무반응 내지는 시큰둥한 친구를 보면,
'저 녀석은 내가 망하길 바라나?'
'꽈배기만 먹고 살았나, 왜 저리 배배 꼬였누'
이런 괘씸한 마음이 격해지다 보면,

'그런 심보로 살면 어지간히 잘 살겠다, 어?'
'너도 좋은 일 생기면 내가 축하해 주나 봐라!'

이렇게 소심한 복수의 칼을 저장시키며
흥분한 마음을 가라앉히곤 한다.
그러면서 다짐한다.
조금 덜 친화적이고, 덜 사회적인 사람으로 살더라도
나의 속내를 쉽게 오픈하지 않는 사람이 되겠다고.

"기쁨은 나누면 두 배 되고,
슬픔은 나누면 절반 된다"는 이 말은
반대로 읽히는 게 맞는 것 같다.
누군가의 기쁨을 알면 불편한 감정이 들고,
누군가의 깊은 슬픔은 다른 데서 안줏거리 되기 십상인 세상!
배고픈 건 참아도 배 아픈 건 못 참는 우리네 인생사!
이게 현실인 거다. 어떻게 보면 참 삭막하고 쓸쓸하다.
왜 따뜻한 말 한마디는 그렇게 어려운 숙제가 되어 버린 걸까?

배고픈 건 참아도, 배 아픈 건 못 참는…
우리는 보통 사람

너무 잘됐다! 정말 부럽다! 네가 잘되니 너무 기뻐!
듣는 사람 입장에서는 '뻔한 말' 같지만
말하는 사람 입장에서는 '뻔한 말'이 아니다.
이렇게 '착한 말'을 한다는 것 자체가 낯간지럽고,
괜히 자존심도 상한다. 때로는 시샘하는 마음까지 생긴다.
그래서 우리는 이 말을 뱉지 못하고 지나쳐 버린다.
그때마다 쌓여가는 오해와 상처는 풀 방법도 없는데 말이다.

나의 행복을 무조건적으로 바라는 친구가 많지 않다는 것도,
심지어 내가 망하길 바라는 친구도 있다는 걸 안다.
하지만 이젠 나부터라도 마음을 고쳐먹어야겠다.
'남의 좋은 일'에 "잘됐다! 기쁘다!"로 응답해 볼까 한다.
그럼 그들도 나의 노력하는 마음을 알아줄까?
우리들의 배배꼬인 마음의 실타래는 풀어질 수 있을까?

잘했어!

축의금,
그 민감함 357 게임

20대에 500장 이상을 자신했던 청첩장의 수는 점점 줄어갔다.

30대 초반에는 300장으로… 후반에는 200장으로…

그리고 지금은… 픕! 한 50명은 되려나?

결혼 생각도 계획도 없는 나는

가끔 의미 없는 축의금 계산기를 두드려 보곤 한다.

축의금의 의미를 생각해 본다.

축의금은 '품앗이' 개념으로,

'보험'의 한 종류로 정의 내릴 수 있겠다.

내가 5만 원 주면, 너도 최소 5만 원

내가 10만 원이나 냈는데, 네가 5만 원이면 절교각이지.

가는 돈 속에 오는 돈, 싹트는 우리 우정!

인플레 반영도 해 주면 생 큐 베리 감사!!

이런 특약까지 포함된 명백한 암묵적 보험이다.

오고 가는 금액의 차이에도 예민해지는 불편한 357 게임, 축의금!

이 축의금 품앗이가 불편한 게임이라는 생각이 들기 시작한 건

내 지갑을 노크하는 '불쾌한 청첩장'의 수가 많아지면서부터다.

10년 만에 연락 와서 결혼한다는 후배,

아무 메시지 없이 모바일 청첩장만 보낸 친구,

기껏 결혼식에 가줬더니만 고맙다 문자 하나 보내지 않았던 동료,

이제는 개미지옥 같은 청첩장의 굴레에서

벗어나고 싶은 마음이 간절하다.

축하 공감 1도 안 되는 결혼식에 가서,

시간 쓰고 돈 쓰고 왜 기분까지 나빠야 하는지 말이다.

수년 만에 결혼 소식으로 연락 온 지인의 결혼식은 가지 말 것

5만 원 낼 결혼식은 축의금만 계좌 이체할 것

5만 원은 적고, 10만 원이 아까우면… 7만 원을 낼 것

몇 년 전부터 나는 '나만의 축의금 룰'을 정해서
실행하기 시작했고,
그로 인해 축의금 스트레스에서도 벗어났으며,
좋았던 인간관계는 더 돈독해졌다.

다른 이들에겐 최대한 빨리 실행해 볼 것을 강추한다.
물론 룰은 개인 맞춤형으로 만들어야 할 것이다.
어차피 축의금 없어질 세상에 살 수도 없는 노릇 아닌가.

×

아! 그리고 7만 원 축의금은 정말 좋은 방법이다.
아무리 생각해도 10만 원은 아닐 때, 내면 딱 안성맞춤이다.

슬기로운
호구 생활을 위하여

내키지 않는 부탁을 받았을 때,
떠밀리듯 오케이를 해 버리면
반드시 속 시끄러운 일이 생긴다.
부탁을 들어줘도 마음속에 앙금이 남고
그 부탁이 순탄하게 진행되지 못했을 땐 더 화가 난다.

친구의 직업을 '내가 뭐 부탁할 거 없나?'로 연결하는 건
엄청 흔한 일이다.
리조트 회사에서 일하는 친구에게는 숙소 할인을 부탁하고,
가전제품 회사 다니는 친구에게는 직원 할인을 부탁한다.
나도 '부탁의 주체'가 될 수 있다는 생각 때문에

서로 간 거절도 쉽게 못 한다.
하지만 오고 가는 부탁 속에서 예기치 못한 오해는
생겨나기 마련이고,
그 때문에 친구라는 인연이 정리되기도 한다.
나 또한 방송 작가라는 직업 특성상
'불편한' 부탁을 많이 받아온 편이다.

'너 작가니까 식장에서 신부에게 낭독할 편지 좀 써 줘'
이런 요상한 부탁부터 시작해서,
방청권 좀 구해 주라! 콘서트 티켓 좀 구해 줄 수 있어?
가수 사인 CD 좀 부탁해!
(심지어) 누구 축가 부탁 좀 할 수 있을까?
(더 심해지면) 누가 방송일 하고 싶어 하는데
자리 좀 구해 줄 방법 없냐?

가족들의 부탁은 어렵다고 잘라 말할 수 있고,
절친들에게는 귀찮다고 솔직하게 말할 수 있다.
문제는 언제나 '애매한 친구'들의 부탁이다.

친하지 않아서 거절도 어려운 '덜 친한 친구들의 부탁'을
그래도 인간관계의 연속성과 나름의 미래지향적
관계까지도 기대하며 가능하면 들어주었고,
그들에게선 지금도 부탁 전화가 걸려 온다.
어쩌다 보니 '호구'를 자처하는 인생이 되어 버린 거다.

근데, 최근 이상한 습성이 생겼다.
고생해서 들어준 부탁에
응당한 감사 표시가 돌아오지 않을 경우,
불쾌하고 불편한 감정을 주체할 수 없다.

내가 얼마나 어렵게 이 티켓을 구해줬는데,
고맙다, 한 마디로 땡이야?
사인 CD를 구해준 것도 모자라서,
왜 갖다 주기까지 해야 하는 거지?
기껏 일자리를 소개해 줬더니, 열정 페이네 뭐네,
내가 왜 이런 불만을 들어야 하지?

긴급 속보! 고별사
오늘부로 호구 생활 은퇴하겠습니다.

이건 뭐지? 어느 순간부터 상대방의 리액션에
과하게 신경 쓰는 나란 사람. 못난 사람.
나는 왜 거절하지 못해서,
하지 않아도 될 감정 소모를 하는 걸까?

싫어. 어렵겠어. 안 되겠어.
이런 부탁 부담스러워.

이 워딩을 정확하게 뱉는 연습을 시작해 보려고 한다.
당연히 오케이 할 줄 알았던 내 의외의 반응에,
친구들은 놀랄지도 모른다.
그걸 뛰어넘어 서운해하거나 원망하는 마음을
가질지도 모른다.
그런 친구들과는 자연스럽게 멀어지는 것도
나쁘지 않을 것 같다.
어쨌든 나는 '어쩌다 호구 인생'의 끝을 보기로
작정했기 때문이다.

나 혼자만 애쓰는
친구 관계의 종말

누군가에게 상처받고, 정작 불만은 다른 친구에게
털어놓는다. 그 친구는 말한다.
아니 매번 그렇게 욕하면서 왜 자꾸 만나?

그럼 나도 그때마다 말한다.
아니 그렇게 오래된 사이를 쉽게 끊을 수 있어?

정작 대놓고 따지지도 못하고 마지못해 만나는 친구,
업보라고 생각하기엔 너무 가볍고
그렇다고 체념하고 만나기에는 성가신 친구,
누구나 한두 명은 있을 거다.

술버릇이 너무 고약한 친구가 있었다.

평소에는 아무렇지 않다가, 술만 마시면 댕댕이가 되는

친구였다. 컵 깨고, 전등 깨는 건 예사다.

테이블 위에 올라가기도 하고, 옆 테이블과 싸움도 난다.

뒤치다꺼리를 하다 보니, 나는 항상 긴장하고,

술값을 준비하고 있어야 한다. 처음엔 미안하다고 하더니,

이런 일이 내내 반복되자, 어느 순간부터는

미안하단 말도 없어졌다.

너무 지쳐 버린 나는 그 친구와의 관계를 끊고 싶었다.

하지만 연인 관계보다 끊기 어려운 게 친구 관계라는 거,

알만한 사람은 알 거다. 이 정도 술버릇이면 연인 사이에

절대 용납이 안 될 일이다. 이별각이다.

근데, 친구 사이를 술버릇 때문에 끊는다고 하기엔 좀

갸우뚱한 측면이 있다.

일이 터질 때마다 화를 내려다가 참고, 또 넘어갔고

이런 패턴은 수년간 반복됐다.

어느덧 스스로 꽤 무뎌졌다고 생각했던 것 같다.

한쪽만 인내하는 우정의 유통 기한은 짧을 수밖에…

그렇지만 결국 그 지긋지긋한 친구는 내 카톡에서 차단되었다.
아이러니하게도 그 친구가 '금주'를 선언하면서부터였다.
결혼 상대가 금주를 요구했다는데, 그러자 망설임 없이
금주 선언을 했다고 했다. 헐… 어이가 없었다.
친구는 감당해 줘야 할 그 지독한 술버릇이
가족이 될 상대에겐 부끄러웠던 건가,
친구가 그렇게 가볍고 당연한 존재인가,
나는 그 친구에게 그런 존재로 무시당해 왔다는 생각에

한 방 맞은 듯했다. 받는 건 당연하고,
예의는 챙기지 않아도 되는 그런 존재였던 거다, 그에게 나는.

가끔 그 친구를 생각한다.
그리워서가 아니라, 왜 더 빨리 끊지 못했을까,
하는 마음으로 말이다.
어느 한쪽의 헌신적인 노력으로 지속하는 친구 관계는
유한할 수밖에 없다.
'참고 만나는 관계, 나 혼자 애쓰는 관계'는
눈 딱 감고 잘라 버리는 게 맞다.

부탁할 때만 연락 오는 친구,
애인과 깨졌을 때만 연락 오는 친구,
자랑할 거 있을 때만 연락 오는 친구,
죽어라고 빈대 붙는 친구,
그래도 어쩔 수 없는 그 이름은 친구.

답은 정해져 있다.
어차피 끊길 관계다.

듣고 싶은 말을 해 주지 않는
'좋은 친구'

내가 사랑했던 건, 너를 사랑한 나일 뿐···.

하림의 '무언가'라는 노래 가사인데, 이 가사는
우리의 사랑은 결국 실패지만, 너를 사랑한 사랑의 과정은
'사실상' 성공이다. 대략 이렇게 풀이될 수 있을 것 같다.

과정은 순탄했고, 의도는 선량했으므로,
이 실패는 절반의 성공인 것
과정과 결과가 의도했던 인과관계로 성립되지 못한 건
그저 운명일 뿐

사랑뿐만 아니라 어떤 일에서 원했던 결과를 얻지 못했을 때,
사람들은 과정을 복기해 보며 위로받고 싶어 한다.
나 또한 이렇게 위로를 받으면서 힘든 순간을 이겨내곤 했다.

그럴 때마다 팩폭 오지게 투척하는 친구가 있었다.
난 그 친구를 '찬물바가지'라고 불렀다. (물론 속으로만)
'그런다고 결과가 달라지냐? 어차피 실패는 실패지'
공모전에 응모해서 몇 번의 당선과 탈락을 하며
방황할 때도 그 친구는 한결같았다.
'당선됐을 땐, 결과 얘기만 하잖아!
지금 넌 실패했으니까 핑곗거리가 필요한 거야!'라며
팩폭에 팩폭을 가했다.
'그래도 열심히 했으니 괜찮아'라고 말해 주면 오죽 좋냐며
그 친구를 원망할 때도 있었지만, 그의 말이 사실이었기에,
내 원망은 옹알이가 되어 흩어져 버렸다.
만날 때마다 '다신 만나지 말아야지'라고 생각했지만,
정곡을 찌르는 '옳은 말'이 묘한 각성 효과를 주는 것도
부정할 수 없었다.
그래서 우리의 관계는 '친구'의 이름으로 지속되어 갔다.

그 친구의 말이 '독보다는 약'이 된다고 생각한 건

사회생활을 하면서부터다.

'그래도 열심히 했잖아'를 습관적으로 되뇌는

내가 틀린 사람이었다.

방송일에서 제일 중요한 건 숫자다. 시청률이다.

시청률이라는 결과가 좋으면, 모든 과정이 정당화됐다.

엉망이라고 지적받았던 편집이 의도 있는 작품으로

고평가되고, 반대했던 섭외는 '신의 한수'로 탈바꿈한다.

반면 좋지 않은 시청률 앞에서는,

모든 과정이 묵살당해 버렸다.

작가의 글이 문제였나, 피디의 편집이 문제였나,

애당초 기획이 잘못된 걸까,

도대체 누구의 책임인가…. 책임 추궁에 바쁘다.

나쁜 결과를 위로하기 위해

과정의 아름다움을 논하는 사람은 없었다.

나는 그때마다 상처받았고,

일을 그만두고 싶다며 그 친구에게 신세 한탄을 했다.

그 친구는 내가 듣고 싶은 말을 알고 있었겠지만,

여전히 자비를 베풀지 않았다.

'그래도 열심히 했잖아' 이 한마디를 절대로 해 주지 않았다.

나는 그 친구와 함께 오랜 시간을 함께했고,
어느덧 과정의 아름다움을 돌아보지 않는 인간이 되었다.
나쁜 결과를 받아들이는 맷집도 나름 단단해졌다.
나같이 나약하고 감상적인 인간이
그래도 오랜 시간 방송일을 하며 근근이 버티고 있는 건,
그 '싸가지 없는 현실주의자 친구'의 역할이 정말 컸던 것 같다.

시간이 지나면 알게 되지…
진짜 위로는 '팩트 폭력'을 당할 때 받았다는 걸…

나도 몰랐다.

이 친구가 내 인생에 최애 존재가 될 줄은 말이다.

만날 때마다 절교하고 싶지만,

영원히 잘라낼 수가 없는 악연인 듯 인연인 친구.

악역을 자처하며 따끔한 말을 해 줬던 그 친구가 나에게는

힘내라고 응원해 주는 '펭수' 같은 존재였던 거다.

친구야, 오늘도 약해지려는 나에게

찬물바가지 제대로 부어다오.

네 친구 정신 좀 차리자!!

어쩌다 우연히 만난 친구를
대하는 법

옛 친구를 우연히 만났다.
학창 시절 호감을 가진 적 있는 중학교 동창이었다.
서로 변한 모습을 간단히 스캔하고, 연락처를 교환하면서
밥 약속인지 술 약속인지 모를 약속을 했다.
상상은 자유라고 그날 하루는 공상에 푹 빠졌던 것 같다.
그의 프로필을 보며 직업을 상상했고,
변하지 않은 멋진 외모도 눈에 밟혔다.
새로운 친구가 내 인생에 들어왔다는 생각에
꽤 괜찮은 기분이었다.

그런데 달콤한 공상은 24시간도 가지 못했다.

내 의지와 상관없이 튀어나온 '의심의 감정'이
뇌 구조를 점령하기 시작했다.

이제 와 새로운 친구를 만들어 무엇 하나.
졸업하고 안 보고 산 세월이 얼마인데,
어떤 사람으로 변했을지 모를 일이잖아.
어릴 때 좋은 아이였다고
나이 먹어서까지 같으리란 보장이 어디 있나.

심지어 세상도 험해져서 별별 뉴스가 나오는 마당에,
그 친구가 또 다른 걱정거리가 될 수도 있다는 생각에
불안해진 거다.

콩닥콩닥 설렜던 마음은 불안감의 크기 앞에 무너져 버렸다.
그가 언젠가 만났어야 할, 그 타이밍에 나타난
운명적 인연일지 모르지만,
그래도 나는 그 인연을 외면해 버리기로 했다.
굳이 '사서 만드는 근심'이 될지 모를 친구는
받아들이지 말자고 결심했다.

그는 예상대로 어느 주말에 전화했고
나는 적당한 말로 거절했다.
이런 내 마음을 알 리 없는 그에겐 미안했지만,
나는 이미 어린 시절의 내가 아니다.

그때부터 우연히 만난 친구를 '아는 척' 하는 일은 없다.
내가 먼저 발견하고 눈길을 돌려 버린다.

어차피 우리는 '옛날의 우리'가 아니니까…

동호회에 가입해서라도 새로운 만남을 찾던 시절이 분명
있었는데, 사람이 이렇게 변할 수도 있는 건지 스스로 놀랍다.
내 속내를 다 드러낼 수 있었던 소중했던 인간관계가
끊어진 몇 번의 아픔과,
생각하지 못한 오해로 관계가 상실됐던 아쉬움으로
이런 방어벽은 점점 높아진 것 같다.
나도 모르게 새로운 만남, 새로운 친구에 대한 설렘보다는
두려움이 앞서는 그런 사람이 되어 버린 거다.
이 모든 걸 알지만 그러면서도 확실한 건,
이렇게 변한 자신 또한 쉽사리 바뀌지 않을 것이며, 고로
어쩌다 우연히 만난 친구가 내 핸드폰에 저장될 일은 없다.

너에게, 하기 힘든 말의
골든 타임

말을 확실하게 하지 않아서 낭패를 보곤 한다.
수그리는 상황이 싫어서,
아쉬운 말을 주저리주저리 늘어놓는 게 싫어서
차일피일 미루다가 골든 타임을 놓치고 나면
남는 것은 상대방으로부터 돌아오는 원망뿐이다.
그리곤 후회한다. '아… 왜 진즉에 말하지 못했을까'라고.

보험 영업하는 친구에게 지인을 소개해 주기로 한 적이 있다.
그런데 그 지인이 변심했고,
나는 이 상황을 어떻게 전달해야 할지 난감했다.
이미 맞춤형 상품 분석을 끝마쳤을 친구의 모습이

오버랩되어서 쉽사리 말이 떨어질 거 같지 않았다.
죄인의 심정으로 차일피일 미루다가 '골든 타임'을 흘려보냈고,
소개해 주기로 한 날짜에 가까워져서 사실대로 털어놨다.
친구는 지인의 변심보다는
내가 늦게 알려준 것을 두고 마음이 상해 버렸다.
머쓱해진 나는 미안하다는 말만 반복했고,
그 후 우리 관계는 좀 어색해졌다.

이런 상황은 방송일을 하면서도 흔히 겪는 일이다.
어렵게 섭외한 출연자를 취소해야 할 때가 있다.
우선순위였던 연예인이 뒤늦게 오케이를 하거나,
섭외 조건이 변경되거나,
특별한 이유 없이 윗사람이 반대하기 때문인 경우도 있다.
섭외보다 중요한 게 '섭외 취소'라는 걸 알면서도,
입이 떨어지지 않는다.
그러다가 십중팔구 골든 타임은 날아가 버린다.
뒤늦게 연락 받은 쪽에서는 당연히 불쾌감을 표시한다.
빨리 취소 통보를 해 줬으면
다른 스케줄을 잡았을 거라며 항의하고,

뱉기 어려운 말은…
빨리, 꼭, 해야 하는 말이야

다음부터는 당신이 하는 프로그램에 나가지 않겠다고
강경 대응할 때도 있다.

'하기 어려운 말은 해야만 해서,
안 하면 안 되는 거라서 어려운 것'인데,
그 말을 뱉어야 할 '골든 타임'은 명확하고 짧은 건데,
그래서 조금이라도 빨리 취소하고, 빨리 거절하고,
빨리 잘라내야 하는 건데,

심지어 내가 이러지도 저러지도 못하고 있는 시간 동안,
상대 쪽에서는 다른 선택을 할 수 있는 시간을
뺏기고 있는 건데,

알면서 같은 일은 반복하고,
뒤늦게 후회하는 내가 한심하고 원망스럽다.
돌아보면 이런 일로 어색해지고
멀어진 사람들의 수도 적지 않은 것 같아 괴롭다.
그래서 난 오늘도 떨어지지 않는 입을 떼어 보려고 노력 중이다.
나쁜 상황을 초래할 게 뻔하고, 좋은 인연을 잘라낼 게 분명한
이런 실수를, 이런 악습을 더는 반복하지 않기 위해서 말이다.

'그냥' 아는 친구 VS
'진짜' 아는 친구

방송일을 시작하면서 내 눈앞에 펼쳐진 건
'편집'이라는 신세계였다.
3시간 촬영한 원본으로 겨우 10분짜리 편집본을 만들었고,
60분짜리 방송분을 만들기 위해서는 밤새 촬영을 해야 했다.
여기에 리플레이, 슬로, 플래시백,
교차 편집 등의 기술이 들어가고
CG와 자막으로 한껏 치장하고 나면 비로소 전파를 탈 수 있다.
원본은 상상할 수조차도 없는, 전혀 다른 모습으로 말이다.

근데 이 '편집의 세계'는 방송 세계를 벗어나
모든 이의 일상이 된 것 같다.

우리는 자신이 가진 여러 모습 중에서
최고의 진수를 뽑아서 보여 주고 싶어 한다.
SNS에 '솔직한 나'라고 표현된 글에는
과장된 미사여구를 넣게 되고,
너무 솔직할 필요는 없을 거란 생각에 스토리를 순화시킨다.
이건 장난삼아 스티커 사진에 포토샵을 하던 일과는
결 자체가 다른 문제다.
나를 보여 주는 방식은 왜 이렇게 복잡해진 걸까?
도대체 나의 '원본'을 알고 있는 사람은 얼마나 될까?

相識滿天下(상식만천하)

知心能幾人(지심능기인)

얼굴을 아는 사람 중

마음을 아는 사람은 몇 명이나 될까요?

영화 〈벌새〉에 인용된 『명심보감』의 질문에
나는 뭔가 답답함을 느꼈다.
나의 '원본'을 보여줄 수 있는 건 나 자신뿐인데,
나의 '원본'을 보여 주지 않고 있는 건 내 자신인데,

나는 상대가 나의 '원본'을 모르기 때문에
솔직하고 싶지 않다고 한다.
아무리 많은 '아는 형님, 아는 동생, 아는 친구'를 만난다 해도,
솔직하지 못해서 겉도는 관계가 될 뿐이고,
그 누구도 '찐-친구'로 생각되지 않는다.

나의 '진짜 모습'을 보여 줘야,
'말하지 않아도 마음까지 아는' 그런 관계가 되는 것 같다.
내가 가끔 실수해도 나의 '찐'을 아는 친구는
그 실수에 의도성이 없었다는 걸 알고 위로해 준다.
내가 웃고 있을 때 나의 '찐'을 아는 친구는
사실 내가 화나 있지만 포커페이스 중임도 캐치해 준다.

'그냥' 아는 친구와 '진짜' 아는 친구의 경계는
이런 데서 갈리는 거고,
이런 친구는 살면서 존재만으로도 큰 의지가 된다.

원본과 원본으로 만나, 마음까지 아는 사이가 될 확률은
정말 정말 희박한 것 같다.

오늘의 549번째 복면은 '미소 천사'입니다

때로는 가면을 벗어 보이는 용기를 가져볼 것

불특정 다수에게 보이는 플필조차 초라해 보이는 게 싫은데
눈앞의 사람들에게 나를 다 보여 주는 게
쉬운 일일 수 없기 때문이다.

그래도 이젠 어쩔 수 없다.
'원본'을 풀어놔야, '원본'을 보여 줘야 할 시간이다.
그래야 나의 '찐'을 헤아려줄 친구가 나타날 수 있는 거고,
'그냥' 아는 친구와 '진짜' 아는 친구의 구분도
명확히 할 수 있을 것 같다.
모르는 사이 고질병이 된 '편집병'에서도 벗어나려고 한다.
'스스로를 편집'하는 데 열일하던 그 마음을 좀 놓아볼 거다.
좀 거칠지만, 좀 투박하지만, 좀 어설프지만,
그래도 사람 냄새 나는 '나의 원본'을 세상에 공개해야겠다.

저기…
꿔 줄 돈도 없습니다만

돈 좀 꿔 줄 수 있어?
친구들 사이의 '돈거래 트러블'은
우정의 통과 의례처럼 예상치 못한 모습으로 찾아온다.
'친구 사이에 돈거래 하는 거 아니다'란 말은 들어왔지만,
우정이란 이름의 '거절할 수 없는 속사정'이 있기 마련이고,
누구나 한두 번은 이런 문제에 얽혀서 곤란한 상황을 겪는다.

처음 친구에게 돈을 꿔 주고 뒤통수 맞은 기분을 느낀 건
대학교 때였다. 친구는 3만 원만 꿔 달라고 했다.
당시 나는 콘서트 티켓을 살까 말까 고민하던 중이었는데,
이 돈을 꿔 주면 그 마음을 접어야 했다.

당시 그 친구는 재수생이었고, 뭔가 짠한 마음에 돈을 꿔 줘 버렸다.
그 친구가 그 3만 원으로 내가 가려던 콘서트에
좌석 업그레이드를 해서 갔다는 얘기를 들은 건
얼마 지나지 않아서였다.
그저 나는 재수 중이었던 그 친구가 걱정됐고,
안 받아도 그만이라는 생각으로 줬던 돈이었는데,
막상 그 돈이 그렇게 쓰였다고 하니 화가 났다.
친구는 그냥 콘서트 갈 돈이 필요했던 거다.
그 친구는 돈을 갚지 않았고, 나도 받을 생각은 없었지만,
그때부터 그에게 이상한 거리감이 생겼다.
돈을 꿔 주지 않았다면 생기지 않았을 감정이었다.

몇 년 후, 또 다른 친구에게 목돈을 꿔 달라는 부탁을 받았다.
적은 돈은 꿔 주더라도, 큰돈은 꿔 줄 일 없다고 다짐해왔지만,
막상 친한 친구가 다급하게 사정하니, 마음이 약해졌다.
얼마나 급한 돈이면 이런 돈을 꿔 달라고 할까,
설마 우리 사이에 안 갚을 일이 있겠어, 하는 확신까지 생겼고,
또 돈을 꿔 주었다. 하지만 갚기로 한 2주가 지나도
친구는 감감무소식이었고, 연락도 되지 않았다.
알고 보니 돈을 꿔 준 친구가 나 말고도 여럿이었고,

그 친구가 다단계 회사에 빠진 속내를 알게 됐다.
돈을 못 받아서 여행비 결제를 못 한 친구도 있었다.
난 점점 불안해져 결국, 부모님이 하는 가게를 찾아갔고,
그제서야 그 친구에게 연락이 왔다.
부모님이 얼마나 놀라실 줄 몰라서 찾아갔냐며 화를 냈다.
그 친구는 '우리 사이에 어떻게 이럴 수 있냐'고 했고,
나는 '우리 사이에 어떻게 이럴 수 있냐'고 되물었다.
그게 마지막이었다. 우리는 정말 절친이었는데,
생각지도 못했던 일로 멀어져 버린 거다.
이 또한 돈을 꿔 주지 않았다면 생기지 않았을 일이었다.

이때부터였던 것 같다.
다시는 지인들과 돈거래를 하지 않게 된 게 말이다.

친한 사이일수록 돈 꿔 달란 말은 꺼내기도 어려운 말이지만
거절하기는 더더욱 어려운 말인 것 같다.
어떤 방식으로든, 그게 얼마든 일단 '쩐'이라는 게 오고 가면,
오고 간 그 자리에 생각지도 못했던 오해가 생기고
속 시끄러운 진통을 겪는 경우가 많은 것 같다.
도와주려던 순수한 마음은 독이 되어서 돌아올 수 있는 거다.

거절에 취약한 나 같은 사람도

돈을 꿔 달라는 말에는 단호하게 '노'를 외칠 줄 안다.

얼마 전 친한 지인이 다음 주에 갚겠다며

돈을 꿔 달라고 부탁했다. 월급날이었으니,

당장 통장에 그 돈이 없다는 것은 말이 안 되는 상황이었다.

하지만 내가 할 말은 명확했다.

저 적은 돈이라도 돈거래 안 해요.

제 신조니까 이해해 주세요.

그리고 사실… 꿔 줄 돈도 넉넉지 못한 거 아시잖아요.

안 꾸고 안 꿔 준다… 우리의 관계를 위하여

TMI 밀당이 즐겁게 느껴지는
'너'란 존재

듣고 싶지 않은 개인사 등 주제에서 넘치는 이야기를
'TMI'라고 한다.
영어권 국가에서는 다른 의미라지만,
우리나라에서는 '과한 정보'를 뜻하는 말로 통한다.
난 처음에 TMI를 '몰라도 그만인 정보' 정도로 이해했다.
어떤 연예인이 무슨 화장품을 쓴대, 누구와 친척지간이래,
이런 가십성 정보를 TMI라고 생각했다.
근데 이 단어가 일상으로 들어오니,
유쾌하지 않은 일들이 생겨났다.
어머 그거 TMI네~ TMI 이제 그만~
저 사람 TMI 작살인데….

TMI라는 말이 쉽게 뱉을 수 있는 일상어가 되면서
나도 상대에게 'TMI잖아'라는 말을 듣곤 한다.
면전에서 TMI라는 말을 들으면
신나게 떠들던 입에는 셔터가 내려간다.
기분이 나빠진다. 아니, 기분 나쁘다는 말로는 부족하다.
심한 모욕을 당했다는 생각까지 든다.

TMI라는 말이 생기기 이전에는
아무리 '안물안궁 스토리'라도 상대 얘기를 들어주곤 했다.
TMI는 상대의 말을 대쪽같이 커트시키기엔 더할 나위 없이
좋은 무기이지만, 그래도 난 이 무기(?) 반품시키고 싶다.
입에 봇물 터져 안드로메다로 가는 날도 있고,
말로 스트레스를 풀고 싶을 때도 있는 건데,
그러다 보면 산 넘고 물 건너 본론을 잃어 버리기도 하고,
'어, 내가 지금 무슨 얘기하고 있지?' 이러면서
두서가 없어질 수도 있는데, 이런 대화를 TMI라는 블로킹으로
쉽게 단절시킬 수 있다는 게 싫다.

그럼에도 TMI라는 말은 '우리의 언어'로 정착된 듯싶고,
나는 상대에게 말할 때마다, '내 말이 긴가?' 하며
눈치 보는 일이 많아졌다. 용건만 간단히,
할 말만 하자는 차원에서 사용하는 TMI라는 단어가
나에게는 소통하는 데 장애 요소가 되어 버린 거다.

이왕 이렇게 된 거 나는, 이 기분 나쁜 단어를 극복하기 위해
TMI를 '관계 발전의 잣대'로 활용하기로 했다.

TMI = Too Much Information
나의 TMI가 궁금하다면… 우리 사이 좋은 사이

대화 중 여지없이 상대 입에서 'TMI'라는 말이 나오면,
이 사람과는 관계 발전의 가능성이 없다고 판단한다.
반면 별별 얘기,
아무 말로 긴 대화를 이어갈 수 있는 친구들도 있다.
물론 TMI라는 말은 서로에게 입도 뻥긋하지 않은 채로 말이다.
그런 친구는 앞으로도 서로의 TMI를
유쾌하게 공유해갈 소중한 사람이다.

연예인들의 TMI는 어떻게든 알기 위해 애를 쓰면서,
정작 친구의 말을 TMI라는 날카로운 칼로
잘라 버릴 필요까지 있나 싶다.
진짜 친한 친구들끼리는 서로의 TMI를 기꺼이 들어 준다.
누구의 집 사정이 어떻고, 오늘 아침에 뭘 먹었으며,
무슨 책을 읽었는지….
우리에게 TMI는 견뎌내는 것이 아니라, 공유하는 것이어야
말하는 재미도, 사는 재미도 풍성해지지 않을까?

선을 넘는 친구는…
대략 절교각

친구가 결혼을 약속한 남자 친구를 소개해 주는 자리였다.
왜 이제야 소개해 주냐며,
우리 사이가 이거밖에 안 됐냐며 투덜대는 내게
친구는 갑자기 엉뚱한 말을 꺼냈고, 난 어리둥절했다.
너 말이야… 내 남친 만나면
이 말 하면 안 되고, 저 말도 하면 안 되고….
어색할 정도로 정중한 말투의 그 친구는 절친인 나에게
명령이 아니라, 부탁을 하고 있었다.

내 입에서 발설 금지가 요청된 '하면 안 되는 말'은

그녀의 과거에 대한 거였다.

친한 친구들끼리라면 당연히 공유할 수밖에 없는,

이 중 들추고 싶지 않은 과거,

서로 입 밖에 내고 있지 않은 과거 말이다.

'과거 남친, 성형 인증'부터 '편입학 이력' 같은

디테일한 것들까지

내가 이렇게 비밀을 많이 알고 있었나 싶을 정도로 그녀는

봉인시켜 두었던 이야기들을 본인 입으로 떠들어댔고,

내가 이미 까먹었던 것들까지 알려 주며(?)

발설하지 말라고 부탁했다.

나는 남친 소개를 늦게 시켜준 친구에게

다분히 고의성이 있었음을 깨달았고,

'내가 그렇게 눈치가 없는 사람이냐?'며 장난스럽게 받아쳤다.

그리고 아주 무난하고 무탈하게 친구 커플을 영접할 수 있었다.

만남은 끝났지만, 의문은 남았다.

내가 그렇게까지 믿음을 주는 친구가 아니었을까?

실수로라도 내가 그런 말을 했다면, 우리는 절교하게 될까?

너무 친한 친구라서 알게 되는, 알 수밖에 없는 비밀들은
주로 '발설하면 안 되는 것들'이며, 이것들을 공유한다는 건
서로를 동질감으로 묶어주는 끈의 역할을 한다.
동시에 이 비밀들은 서로 간의 아킬레스건이라는 것도 안다.
무심히 이 말을 내뱉는 순간이 '선을 넘는 순간'이며,
돌아올 수 없는 강을 건너는 것이라는 것도 안다.

공유하는 비밀이 많기에,
친한 친구일수록 선을 넘기는 쉬워 보인다.

친한 친구일수록 절교하면 뒤도 돌아보지 않는 이유가
여기에 있는 것 같다.
그 비밀들이 치명적인 것들이기 때문이다.

최근 '선을 넘는다'라는 말이 유행이라,
'선 넘음'에 대한 의미를 생각해 본다.
일반적 의미의 '선을 넘는다'에는
모험과 도전의 스멜이 느껴진다.
거침없는 말과 행동으로 '선을 넘어'
새로운 세계로 가는 모습이 상상된다.
방송인 장성규가 '선넘규' 캐릭터로 사랑받는 이유도
이런 모습을 보여 주기 때문일 거다.

근데 '선을 넘는다'는 의미가 친구 관계로 넘어오면,
전혀 달라진다.
친구 사이에 선을 넘으면 대략 절교각이다.
뱉은 말은 수습될 수 없고,
그게 뱉어선 안 되는 말일수록 파장은 크다.
친하기에 더 서운하고, 더 분노하고, 더 용서할 수 없는 거다.

우리의 우정을 확인하며 공유했던 수많은 비밀은
'우정 로드'에 깔린 지뢰들이다.
우린 지금 둘도 없이 친한 친구지만, 절대 방심하면 안 된다.
수도 없이 깔린 지뢰를 밟지 않기 위해,
까치발로 조심조심 걸어가야 한다.

너와 나 사이, 선을 넘지 않기 위해서,
'판도라의 상자'는 열 수도 없고, 열리지도 않는 것,
그렇게 약속하자

허물 없는 친구 사이 ≠ 선 없는 친구 사이

친구 사이에도
'원래 그런 것'은 없어

쟤는 원래 늦잖아, 원래 안 쓰잖아, 원래 잘 삐치잖아,
원래 지 생각만 하잖아….
나와는 영 궁합이 맞지 않는 친구의 성향이 있다.
오래 만나서 이젠 적응이 될 만도 한데,
시간이 지날수록 오히려 더 힘들 때가 있다.
어느 순간부터 만날 때마다 인내심을 발휘해야 하고,
이러면서까지 왜 이 친구를 만나야 하나 싶다.

약속 시간에 10분씩 늦는 친구는,
10분을 늦춰 약속을 잡으면 또 그것보다 10분을 늦게 왔다.
10분 정도야 그러려니 하며 기다려줄 수 있는 시간이지만,

어느 순간부터 미안해하지 않는 친구의 태도도,
정각에 오려고 노력하지 않는 모습도,
그런 당연히 지나쳤던 것들이 스트레스가 되었다.

나 혼자만 예민한가 싶다가도,
점점 나의 희생만 강요당한다는 느낌이 들었고,
가끔은, 오랜 친구이지만
관계를 끊는 게 낫지 않을까 싶기도 하다.
하지만, 관계를 끊겠다고 할 명분도 없다.

네가 말하는 나에 대한 불만이 어제오늘 일이야?
왜 새삼스럽게 화를 내는 거야?
친구는 이렇게 말할 것이 분명하다.
그럼 난 할 말이 없을 거다.
어느 날 친구가 변한 것도 아니고,
악의가 있어서 나의 마음을 상하게 하는 것도
아니기 때문이다.
그 친구는 그냥 '원래 그런 사람'이고,
나는 그걸 알면서 만나온 거다.

참을 수 없는 친구의 '당연함'에서 벗어나고 싶어

근데 생각해 보면 '원래 그런 성향'이란 건
친구 사이에 해당할 수 없는 말 같다.
그건 죽었다 깨나도 바뀔 수 없는 가족에게나
해당하는 말일 뿐, 내가 예민해하고, 싫어하고,
스트레스를 받는다는 걸 알면서도 자신의 성향을 고집하고
1도 양보하지 않는 건 우정을 빌미로 한 폭력과 다름없다.

너에 대한 나의 희생은 계속될 수 없다.
인내심의 유통 기한을 더는 연장하진 않을 것이다.
나에게 도움이 되는 친구,
내가 좋아하는 성향의 친구만을 골라 만날 수는 없다 해도,
이제는 '친구'라는 의미에 충실한 사람을 만나고 싶다.
적어도 내가 맞춰 주려고 하는 것만큼,
나에게 맞춰 주려고 노력하는 친구 말이다.

너의 지갑은
언제쯤 열릴 수 있을까

돈을 정말 징하게 안 쓰는 친구가 있다.
그런 친구에게는 항상 '한턱 쏴'가 입에 붙어 있다.
상대가 쏴야할 이유, 내가 얻어먹어야할 명분은
참으로 버라이어티하다.
네가 많이 버니까 네가 쏴!
나 백수니까 네가 쏴!
뚜두뚜두 오늘도 내일도 네가 쏘는 날!!
이런 부류의 친구들은 돈을 내야 하는 순간에
범접할 수 없을 정도로 지능적이다.
화장실 가고, 신발 끈 오래 묶고, 느릿느릿 옷 여미는 건
이젠 낡디낡은 수법이다.

그들은 '빅 픽처'로 차원이 다르게 움직인다.
3차까지 예상되는 술자리에는 4명을 모으고,
돌아가며 술값을 내면 자신은 안 낼 수 있다는 계산을 한다.
그러면서 '다음에 낼게' 하며 헤어지고,
그 약속이 잊힐 때쯤에 다시 만나고, 내는 사람이 또 내고…
이런 패턴을 반복하는 식으로 말이다.

사람 만나는 걸 즐기지 않아서
돈 쓰는 법을 모르는 사람들도 있겠지만,
내 경험상 그렇지 않은 사람이 훨씬 많았다.
그들은 남의 지갑은 텅텅 비어도,
내 지갑만큼은 절대로 열리면 안 되는 사람들이다.
'나는 왜 돈이 없을까, 항상 지갑이 비어 있어'라고 말하면서,
행간에 숨긴 비밀은 아무도 눈치 못 챘을 거라 생각한다.
친구야, 사실 내 지갑에 돈이 없는 건,
지금 무리한 저축을 하고 있기 때문인데,
맛있는 게 땡기니, 너한테 좀 얻어먹어야겠다.
이런 인간들은 정말 딱 왕따각이지만,
우리네 친구들은 그렇게 야박하지 않다.

오히려 십시일반 모으면 1인분 정도는
무리 없이 커버해 줄 수 있으므로, 그들을 배척하지 않는다.
그러면서 가끔 그가 더치페이라도 해 주는 날에는
얻어먹은 것보다 더한 황송함을 느끼기도 한다.

나에게도 돈 안 쓰는 거라면 둘째일 수 없는 친구가 있었다.
그의 저축 상황까지는 알 수 없지만,
확실한 건 그의 집이 우리 집보다 열 배 정도 비싸다는 거였다.
그 친구는 얻어먹을 때마다 자신의 '검소함'을 강조했다.
우리 부모님은 벼락부자가 된 게 아니라
정말 성실하게 일해서 자수성가하신 분들이고,
그래서 집안 전체가 '검소함'이 몸에 밴 집이라고 말이다.
그럼 우리 집은 부모님이 불성실해서,
너네보다 못 산다는 거냐며 따지고도 싶었지만,
그것보다 내 시선을 강탈한 건,
부자임을 인정하면서도 돈을 쓰지 않는 그 친구의 태도였다.
남의 돈으로 먹고, 내 돈 아끼는 게 무슨 검소함이라는 건지…
도저히 이해되지 않았다.

딴에는 '미운 우리 친구'라고 생각하고
그 친구를 바꿔 보려고도 했다.

첫 번째 도전! 모임 공지를 해 봤다.
'[공지] 회비 3만 원씩 지참해 주세요'라고
단체 문자를 띄웠지만
실패였다. 그 친구는 현금이 없다고 했고,
나중에 입금해 주겠다고 했지만, 입금하지 않았다.
두 번째 도전! 낼 때까지 기다려봤다.
그 친구가 낼 순서가 올 때까지 3차 이상을 가본 거다.
또 실패였다. 그 친구는 술에 금방 취해서, 집에 가 버렸다.
세 번째 도전! 문자로 통보해 봤다.
"친구야! 친할수록 금전적인 부분은 신경 쓰는 게 어때?"라고.
또또 실패였다. 그 친구는 무슨 말인지 못 알아들은 것 같았다.
그냥 계속 실패였다. 더 이상의 도전은 의미가 없었다.

결국 그 친구와는 연락이 끊겼다.
내가 기억하는 마지막 모습도
그의 캐릭터에서 크게 벗어나지 않았다.

그 친구의 결혼식 청첩장을 주기 위해 모인 자리였다.

여섯 명이 모인 자리에서 그는 한 개의 청첩장을 들이밀었다.

청첩장이 한 장에 만 원짜리라서,

인원수대로 못 갖고 나왔으니, 그냥 눈으로만 보라고 했다.

청첩장이 무슨 굴비도 아니고…

그래 너네 집은 가풍이 '검소함'이라고 했지….

피식 웃음이 나왔다.

지갑이 열려야   우정도 꽃피더라

내 지갑이 소중하듯, 친구의 지갑도 소중한 것

나는 이 친구를 보면서

내 지갑이 열리는 만큼, 상대의 지갑이 열리는 것도

상대의 지갑이 열리는 만큼, 내 지갑이 열리는 것도

오차 없이 똑같이 중요하게 생각해야 한다는 걸 깨달았다.

세상의 모든 사람은 내 지갑 속의 돈이 소중하지만,

좋은 친구를 만날 때마다

그 만남의 기회비용을 주고 싶은 마음에

지갑도 흔쾌히 열 수 있는 거다.

그러므로, 나를 위해 지갑을 열어준 친구를 위해,

내 지갑을 여는 건 당연한 예의다.

지갑이 열리면서 나오는 건 단순히 돈이 아니라 마음인 거다.

'누가 나를 위해 금쪽같은 돈까지 쓰며 만나 주겠냐'는 마음으로

항상 지갑을 먼저 열었던 내가 이젠,

더는 연락하지 않는 그 친구에게 묻고 싶다.

너란 사람은,

내 지갑을 그 정도로 열게 할 만큼의

가치가 있는 친구였는지 말이다.

스마트폰
대청소하는 날

새 스마트폰을 살 때면,
연락처 데이터를 옮길지 말지 망설임의 순간을 맞는다.
온갖 연락처가 뒤섞여 있는 목록을
그대로 옮겨놓고 싶지 않은 마음과,
필요한 연락처만 골라서 저장하기도 귀찮다는 마음이
뒤섞이다가, 대체로 귀찮은 마음이 반전 없는 승리를 거두고,
새 스마트폰에 연락처는 그대로 옮겨진다.
그러곤 얼마 지나지 않아 후회한다.

카카오톡에 뜨는 지인 목록은 대충 훑어만 봐도
한 시간이 훅 지날 만큼 길고 길다.

이 중 '일로 만난 사이' 목록을 보면,
현재 연락하는 사람을 골라내는 게 빠를 정도다.
프로젝트로 잠깐 연락한 사람,
번호가 바뀌었는지 낯선 프사가 보이는 사람,
심지어 이름도 기억 안 나는 사람까지….
이런 목록을 삭제하다 보면 어느새
절반의 번호와 작별을 고한다.

이 중 친구 삭제는 다른 문제다. 한 번에 지울 수 없다.
왜 연락이 끊어졌는지, 왜 오랫동안 연락하지 않는지,
그 계기를 떠올려보게 된다.
그리고 삭제 여부에 대한 해답은 스토리 안에 숨겨져 있다.

5년 전, 결혼식을 끝으로 한 번도 본 적 없는 친구 A
친구로서의 내 마지막 역할은 결혼식 참석까지라고
통보받은 줄 알았다.
그 친구도 물론 나름의 사정이 있을 거라고 생각되나,
신혼여행 갔다 와서 지금까지 연락 안 한
그 예의 없음은 무엇인지….

축의금 20만 원 넣었다가 막판에 10만 원 빼고 낸 걸
다행이라고 생각하며… 너 삭제!

독특한 말투와 갑분싸 워딩으로 오해 유발자였던 친구 B
이 친구와는 대화가 잘 맞지 않으면서
서서히 멀어지게 됐던 것 같다.
'그렇게 살면 안 된다'를 말끝에 붙이는 습관이
어느 순간부터 거슬렸고,
설교 스타일의 말투로 선을 넘는 대화의 끝은 피로감을 줬다.
멀리하다 보니 6년의 세월이 흘러 버렸다. 너도 삭제!

친구 커플이었던 두 명 중 한 명 C
친구 커플이 헤어지자 모두 친하게 지내기가 어렵게 됐고,
한쪽과는 자연스럽게 멀어졌다.
그 친구와는 만난 지 10년이 됐고,
누군가의 경조사에서 만나면 반갑게 인사하지만,
예전처럼 즐겁게 만날 자신이 없다는 걸 서로 알고 있다.
자의로 멀어진 사이가 아니라 조금 아쉬움이 남지만,
그래도 삭제!

희한하게 연락이 끊긴 이유를 찾는 건 어렵지 않았고,
이런 식으로 친구 목록을 정리하자, 30% 정도가 삭제됐다.
삭제 전엔 마지막 미련도 생겼다.
1:1 채팅 버튼을 눌러 오랜만에 안부를 물어볼까도 싶었지만,
그 마음 어차피 접을 마음이었다.
그들도 나와 같은 마음이라 지금껏 연락하지 않았을 거고,
생각해 보니 아무 이유 없이 멀어진 것도 아니었으니 말이다.
더는 그들의 안부는 내 눈에 보이지 않을 것이다.

스마트폰 대청소는 집 안 청소만큼 후련한 거였지만,
집 안 청소보다 시간도 오래 걸리고, 지난한 과정이었다.
다음 폰으로 바꿀 때는 필요한 연락처만 골라서
저장시켜야겠다.
이렇게 삭제해도 '일로 만난 사이', '끊을 친구' 목록은
끊임없이 쌓여 갈 테니 말이다.

너의 웃음 속에 숨어 있는
1cm의 비밀(ft. ㅋㅋㅋ)

ㅋㅋㅋ를 쓸까, ㅎㅎㅎ를 쓸까
우리는 대화 중 적당한 분위기에 맞춘 웃음을 선택한다.

ㅋㅋㅋ의 기본 의미는 '웃기다'를 표현하는 이모티콘이다.
그런데 ㅋㅋㅋ를 받고 불쾌한 감정이 생길 때가 있다.
아무리 긴 문장을 보내도 ㅋㅋㅋ만 반복해서 보내는
친구들이 있는데,
ㅋㅋㅋ만 전송하는 저 친구는 도대체 무슨 생각을 하는 걸까?
궁금해진다. 그러다가 깨닫는다.
ㅋㅋㅋ하는 웃음소리 저 너머에 있는
행간을 읽지 못하며 살았다는 걸.

ㅋㅋㅋ는 일상어로 남발되기엔 도무지
좋은 구석을 찾아볼 수가 없다.

ㅋㅋㅋ "너는 지금 내 얘기에 집중하고 있지 않아"
단순한 이유다. 친구는 지금 내 얘기에 집중하고 있지 않다.
바쁘고 귀찮은 거다.
털어놓기 어려운 얘길 보내고 친구의 답을 기다리고 있는데,
돌아오는 답장이 ㅋㅋㅋ뿐이라면
서운함을 넘어선 감정이 생길 수밖에 없다.

ㅋㅋㅋ "너는 너 얘기만 하고 싶은 거야"
대화에도 할당량이 있어서,
내 얘기를 하면 상대의 얘기도 비슷한 비율로 들어줘야 하는데,
자신의 얘기만 하고 싶어 하고
상대 말을 들어주는 데에 인색한 친구들이 있다.
이런 친구는 상대의 얘기를 듣는 와중에도,
본인 쪽으로 화제를 전환할 타이밍만 엿본다.
그 타이밍에 붙이는 접속사가 ㅋㅋㅋ다.
일단 ㅋㅋㅋ를 전송하고,

'나는…'을 붙이면서 자신의 얘기를 이어가는 거다.

웬일로 나에게 질문을 한다고 해도,

사실 그건 내 답이 궁금해서 하는 질문이 아니다.

"너 여름휴가 어디 갈 거야? → 나? 글쎄… →

ㅋㅋㅋ '나는' 괌 예약했잖아"

처음부터 해외여행 간다는 본인 얘기를 하고 싶었던 거다.

생각해 보니 항상 이런 식으로 대화하는 친구가 있다.

ㅋㅋㅋ "너는 지금 정곡을 찔린 거야"

팩폭을 당할 때가 있다. 알고 있지만, 생각하기 싫고

콕 집어 언급되면 기분 나쁠 것들이다.

"왜 이렇게 입을 옷이 없지?"라고 말하는데,

"요새 살쪄서 그런 거 아니야?"라는 말을 듣던지,

"왜 승진을 못 했을까?" 하며 힘들어하는데,

"너 이번에 실적 안 좋긴 했잖아"라는 확인 사살을 당하면,

진짜 대꾸하고 싶은 말이 없다.

몰라서 하는 푸념도 아닌데, 정곡을 찔리니 말문이 막히는 거다.

이런 듣기 싫은 말을 들었을 때,

"나도 아니까 닥쳐줄래?"의 뜻으로 튀어나오는 게 ㅋㅋㅋ다.

ㅋㅋㅋ

웃음 속에 숨기고 있는 진실을 자각할 지어다

한마디로 ㅋㅋㅋ는 단순 웃음소리가 아니다.
미묘한 신경전이 녹아있기도 하고,
상황에 따라 실례가 될 수도 있는 말이어서,
아무리 친한 친구들 사이라도 ㅋㅋㅋ를 지나치게 남발하면
정이 떨어질 수도 있다는 불편한 진실을 알아야 한다.
ㅋㅋㅋ는 내가 쓰기도 하고, 듣기도 하는 말이니까.
허심탄회하게 무엇이든 말하는 사이라면,
이 정도 에티켓은 너에게도 나에게도 '기본 옵션'이다.

셀·프·러·브·Ⅲ

함부로
내 얘기하지 마

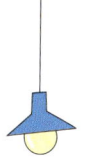

함부로
내 얘기하지 마

드라마 〈동백꽃 필 무렵〉에서 동백이는
'자존감'의 경계선에서 울고 웃었다.
어떨 때 사람들이 너무… 너무 막 해…
너무 함부로일 때도 있고….
나라는 사람이 다른 사람들에게
함부로 다뤄지고 있다는 데서 동백이는 상처를 입고,
스스로가 미워지고, 그런 자신을 어찌해야 할지 몰랐다.

동백이에게 심하게 감정 이입하던 시기에 나 또한
스스로 참 못났다 싶을 정도로 자학 모드였다.
하는 일마다 어긋나고, 결과도 안 좋고,

나보다 앞서가는 사람들만 보였다.

한 프로젝트의 책임자였기 때문에,

'위로'라는 건 받는 것보다 해야 하는 입장이었다.

어떻게 너 혼자만 잘못한 거니… 다 같이 잘못한 거지….

누군가의 위로 한마디가 그때만큼 절실한 적도 없었던 것 같다.

하지만 따뜻한 한마디라는 건 쉽게 오는 것이 아니었다.

다 너 때문이야…

너 하나만 잘했어도 이번 프로젝트를 망치지 않았어….

그저 모든 것을 나의 잘못으로 수렴시키는 말과 시선뿐이었다.

나약해진 심리 상태는 분별력을 상실시켜 버렸다.

나를 향해 꽂히는 그 모진 말들,

나를 공격하는 수많은 단어는 여과 없이 흡수되었다.

그런 말들은 나의 오감이 어쩜 그렇게 쏙쏙 빨아들이는지

무슨 영양제라도 되는 양 매일 되새김질하기 바빴고

그 결과 나는 오랜 슬럼프의 상태에서 헤어 나올 수 없었다.

그런데 이 시기가 길어지자, 스스로에게 화가 났다.

왜 나는 남의 비판에 같이 박자를 맞추고 있었을까,

그들의 말이 아프게 받아들일 만큼 절대적인 평가인가,
그렇게 말하는 그들은 나에게 이런 말을 뱉을 자격이 있나,
저 사람들이야말로 책임 회피를 위해 희생양으로
나를 조준한 것은 아닌가.
이런 반발감이 들기 시작한 것이다.

욕도 많이 하면 입만 아프고,
누군가를 너무 싫어하면 미운 정이 드는 법이다.
나는 자신을 너무 미워하다가 불쌍해져 버렸다.
아니, 사람들이 너를 이렇게 미워하는데,
왜 너까지 너한테 이러고 있는 거니?
그 사람들이 너에 대해 잘 알지도 못하면서
함부로 말한다는 생각은 안 드니?

나도 나를 모르는데,
넌들 나를 알겠느냐~♬

너에게 함부로 말을 내뱉은 사람들은 상처를 준 사실도 잊은 채 잘 살고 있다는 것을 알고는 있니?

세상에 함부로 취급될 인생은 없다.
'하찮아지느니 불편한 사람이 되어 보기로 했다'는
동백이의 결심처럼 나도 '함부로 내 얘기하지 마!'라고
말할 수 있는 강심장을 가져보기로 했다.
나도 잘 모르는 나를, 네가 어떻게 다 아는 듯 말하냐고
따져보겠다. 그리고 스스로를 아껴보겠다고 생각한다.
나에 대해 누군가가 나쁜 평가를 하면,
나는 스스로의 변호사가 되어 보겠다고.
그래도 나에게 잘못된 부분이 있다면,
알아서 스스로를 추슬러 보겠으니 신경들 끄라고.
나는 당신들이 그렇게 함부로 대할 만큼
이유 없이 도마 위에 올려져 잘근잘근 난도질당할 만큼
가볍고 별거 아닌 존재가 아니라고 말이다.

내 감정의
스포일러가 될 것

누군가에게 소위 '마상'이 되는 말을 듣고,
곱씹고 또 곱씹다가 불면의 밤을 보낸 적 있을 것이다.
상처가 되는 말은 참 귀에 잘 꽂힌다. 잘 잊히지 않는다.
칭찬하는 말이나 잘 담아두면 좋은데,
그런 건 잘 안되는 게 인간이란 족속 같다.
상처를 받으면, 입으로는 '응, 괜찮아' 이렇게 말하면서도,
쿨하지 못해 스스로에게 미안할 정도로 위축된다.
그리고는 분노한다.

상처 주는 말은 문장으로 쪼개지고, 단어로 알을 까고,
음절 단위로 내 속을 후벼 판다.
게다가 말이라는 게 곱씹을수록 새로운 옷을 입는지,
처음엔 그냥 화가 나다가,
그렇게 말한 사람의 의도를 추측하기 시작한다.
그 사람이 볼지도 모른다며 프사를 수십 번 변경하는 데
공들이고, 결국은 다른 일까지 할 수 없는 멘붕 상태가 된다.

왜 나는 남이 주는 상처에 흔들리고, 다른 일까지 망칠까?
그 사람이 뭐라고, 그 사람의 말이 다 옳은 것도 아니고,
그의 평가가 나를 판단하는 잣대가 될 수 없는 건데,
왜 상처를 입으면 이 말이 모든 것인 양 방황하고 괴로워할까?

이런 상처를 몇 번 입은 후, 나는 무척 방어적인 사람이 됐다.
그리고, 이상한 습관이 생겼다.
상처받기 전에 '너 이러면 나 상처 받는다'고
미리 말해 버리는 것이다.
나 직설적으로 내 의견 무시당하면 엄청 상처받아.
나 머리숱 지적받으면 상처받아서 뒤끝 오래간다.

나 행동 느리다고 지적받으면 상처받아.
대신 꼼꼼하게 할 테니 기다려주면 안 돼?
나는 내가 어떤 사람인지, 이 말을 들으면 어떤 상처를 받는지,
그 디테일을 상대에게 미리 발설해 버린다.
'내 감정의 스포일러'가 되기로 한 것이다.

'마상'은 사전 차단하겠습니다

얼마 전 영화관에서 스포일러가 집단 폭행을 당한
기사를 본 적이 있다.
'스포일러'는 때에 따라 주먹을 부르는 민폐 캐릭터,
기피 캐릭터임에는 틀림없다.
하지만 나는 내 감정에 대해서만큼은 스포일러가 되기로 했다.
하고 싶은 말을 다 뱉으며 살 수 없듯이,
듣고 싶은 말만 듣고 살 수도 없는 걸 알지만
그래도 나는 상처받는 게 너무나 싫다.

상처를 미리 차단하는 삶은 확실히 덜 재밌고,
덜 액티브하지만, 그래도 '상처 차단'에 방점을 찍는다면,
이 스포일러는 현명한 스포일러라고 자부한다.
애당초 서로 상처 주는 말을 하지 않으면
오죽 좋겠냐만 말이다.

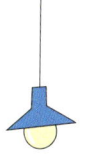

나만 그런 게
아니구나

"3주 후에 뵙겠습니다"

이 말을 남기고, 동네 요가 학원이 야반도주했다.

보일러 공사를 하는 데 3주가 걸린다더니,

도망가는 시간을 벌려고 그랬던 게다.

이렇게 황당할 수가!!

1년 회원권 끊은 지 반년도 안 지났는데….

먹힌 돈 아까운 거야 말할 것도 없었지만,

그것보다는 '두 눈 부릅뜨고 살아도 코 베일 수 있다'는 사실에

더 기가 막혔다. 나만은 예외라고,

나만은 이런 피해에서 사각지대라고 생각했는데,

이렇게 사기도 당하고, 피싱도 당할 수 있는 거였다.

그래서 결국, 그… 그곳에 가고 말았다.

아 정말, 이런 데 가는 건 내 스타일이 아닌데(라고 다들 생각할 것이다)

이런 데 가는 건 정말

없어 보인다고 생각했는데(라고 다들 생각할 것이다)

결국 피해자 모임에 가고 만 것이다.

일단은 뜯긴 돈을 얼마라도 받아내야

일말의 위로라도 될 것이라 생각했는데….

그런데 나를 위로한 건 돈이 아니었다.

요가 학원 문 앞에 모인 수십 명의 동병상련 군단!

우리는 하나같이 독기 어린 눈을 뜨고 이 자리에 왔지만,

시간이 흐를수록 이 눈빛들은

이보다 더 애절할 수 없는 그것으로 변해갔다.

우리는 서로를 더할 나위 없이 상냥하고 짠한 시선으로

응시했고, 말하지 않아도 알 수 있는 대화를 주고받았다.

이 시간은 분명 '치료(?)와 힐링의 과정'이었다.

나와 똑같이 속은 사람,

아니 나보다 더 심하게 속은 사람도 있었다.

웨딩 패키지를 끊어 몇백을 손해 본 사람,

자매가 같이 낚인 사람,
심지어 바로 전날 회원 등록을 한 사람까지….
'나만 그런 게 아니구나' 하는 동질감으로 우리는,
떼인 돈을 받아내지 않고도,
위로를 받는 영험한 효과를 느낄 수 있었다.

나만 화나는 게 아니구나, 나만 속상한 게 아니구나,
나만 멍청한 게 아니구나, 나만 슬픈 게 아니구나
아, 정말 나만 그런 게 아니구나

그래서 정말이지… 인정하고 싶진 않지만,
내 일이 엄청 안 풀리고 막막할 때 최고의 처방전이
'나처럼 안 풀리는 남의 얘기'가 되기도 하는 것 같다.

너만 그런 거 아니야. 나 아는 애는 너보다 더 심하잖아.
너만 돈 못 버는 거 아니야. 내 동생도 이번에 실직했잖아.
너만 성적 떨어진 거 아니야.
내 친구의 친구는 유급되고도 잘 살잖아.

왜 이런 말에 위로를 받을 만큼,
나란 인간은 나약한지 모르겠다.
무슨 일이 당장 해결되는 것도 아니고 그저,
나만 고통스러운 게 아닌 걸 확인받고 힘이 난다니….
부끄러운 일인지,
아니면 이조차도 나만 그런 게 아닌지 판단이 안 선다.
그러면서도 나 오늘도 이상하게 위안받았다.

나만 그런 게 아니구나

재미없는 사람이 되려고
노력할 필요도 있어

주변을 둘러보면 '딱 놀리기 좋은 캐릭터'는 정해져 있다.
그리고 그런 사람들에게는 특징이 있다.
일단 누가 장난삼아 하는 말에 잘 속고,
잘 놀라고, 잘 흥분한다.
회의 시간에 쉬어갈 타임을 준다는 이유로,
술자리의 활력소가 된다는 이유로,
그들은 회사에서 과한 농담이나 놀림의 대상이 되곤 한다.

나는 내가 그런 부류의 인간이라는 게 싫었다.
밥 먹는 장소를 일부러 잘못 알려 준다거나,
지갑을 숨기거나 하는 유치한 일들이

남들에겐 별 게 아니어도
당하는 이의 입장에서는 자괴감이 생기는 일이었다.
일을 막 시작했던 시절, 이런 순간은 수시로 찾아왔는데,
힘들어하는 나를 아는지 모르는지
주변에선 쉴 새 없이 나를 건드렸다.
하지만 화를 내고 싶지 않았다.
막상 화를 내면 웃자고 하는 일에 죽자고 달려든다고 할 거고
예능을 다큐로 받으니 예능 작가해 먹을 수 있겠냐고 할 텐데
그런 논리에 대적할 순 없을 것 같았다.
그래서 혼자 분을 삭이곤 했다.
아니, 오히려 일부러 속는 척도 해 주고, 놀란 척도 해 줬다.
사람들이 재미있어하니까, 나는 재미있는 사람이니까,
옜다! 하는 자포자기의 심정이었다.

혹시 맹~한 캐릭터로 각인될까 하는 걱정도 있었지만,
동시에 희망도 있었다.
어차피 시간은 흘러갔고,
내 아래로 '새로운 막내'가 들어올 참이었다.
내가 겪는 상황들을 그 아이가 대체해 줄지도 모르고,

그러면 나는 사람들의 시야에서
자연스럽게 사라질 거라 믿었다.
그런데 상황은 변하지 않았다.
새로 들어온 후배는 웃음기 싹 걷어진
시크한 스타일이었는데,
그런 포스 때문인지 다들 놀리기에 부담스러운 듯 보였다.
사람들은 그를 뒷전에 두고, 만만해 보이는 나만 찾아댔고,
결국 나는 후배 앞에서까지 웃음거리가 되는
최악의 상황을 맞았다.

내가 되고 싶었던 건, 재미있는 사람이었는데,
왜 나는 '만만한 사람'이 되어 버린 걸까?
누가 나를 만만하게 대해도 된다고 허락했을까?
하지만 화를 낼 곳은 없었다.
이 상황을 자초한 건 '나'였기 때문이다.
빈틈을 보여주며 상대방의 무례함을 허락한 것도 '나'였던 거다.
재미있는 사람과 만만한 사람을 동일시해 온
'나'의 패착이었을 뿐이다.

웃고만 있으면 화낼 줄 모르고,
화낼 줄 모르면 만만해 보인다는 걸 몰랐다.
이제라도 나는 나에 대한 무례함에
자비를 베풀지 않기로 했고,
'재미있는 사람' 따위 집어던지고,
'재미없는 사람'이 되어 보려고 한다.
그리고 툭툭 나를 건드리며 입질해 오는 사람들에게
말할 참이다.

저기, 그만 좀 하실래요? 재미 하나도 없거든요?

누구나 프로 불참러를
꿈꾼다

충실하게 참석하는 사람보다는,
요령껏 불참하거나 늦게 나타나는 사람들이 더 주목받는다.

'거기서 네가 왜 나와'라는 말을 들을 만큼,
웬만한 모임에 빠지지 않는 '프로 참석러'들은
시간이 지나면서 알게 된다.
자신의 충실함이 부각되기보다는, 오지랖 넓은
사람으로 여겨지고, 가는 모임마다 당연히 앉아있는
'식상한 인물'로 인식된다는 걸 말이다.
이런 사람은 아무리 발품을 팔고 다녀도 실속이 없다.

늦게 등장하고 빨리 가는 사람들에게
진짜 사정이 있는 경우도 있겠지만,
항상 늦는 애들이 늦고, 빨리 가는 애들이 가는 걸로 봐서는,
이건 '의도된' '고의적' 성향이다.
약속에 맞춰 가면 없어 보이고,
자리에 끝까지 앉아있으면 한가해 보인다고 생각하는 성향,
혹은 주목받는 걸 즐기고,
신비주의 콘셉트에 재미를 느끼는 성향 말이다.

'프로 참석러' 위에는 언제나
'프로 불참러'들이 날고 있는 거다.

'자신을 포장하는데 불참러 성향을 이용하는
사람이 많다'는 나의 생각은
모 영화제 시상식 담당 작가였을 때 확고해졌다.
생방 30분 전 배우들의 사전 레드 카펫 행사가 있었고,
매니저들의 전화로 내 전화는 불이 나 있는 상황이었다.
"○○ 도착했나요? 도착하면 알려 주세요.
저희는 ○○ 입장하고 나서 들어갈게요"

한 매니저가 자신의 배우는

모 배우보다 '늦게' 들어가겠다고 했다.

"아니 곧 생방 시작인데 차 막히면 어쩌려고 이러세요?

빨리 오세요"

다급해하는 나에게 그는 예상치 못한 말을 했다.

그것도 아주 느긋하게… 그의 말에 따르면,

도착한 건 이미 한참 전인데, 일부러 늦게 입장하려고

행사장 주변을 몇 바퀴째 돌고 있다는 거였다.

그러니 지각 걱정은 할 필요가 없다고 했다.

난 어이가 없었다.

어차피 참석할 거면 빨리 도착하는 게 매너 아님?

늦게 도착하면 뭐가 있어 보인다는 거지?

하지만, 금방 깨달았다.

이게 '프로 불참러' 심리의 핵심이라는 걸.

적당한 신비주의는 자존감을 높여 준다는 차원에서

필요하다는 거 인정한다.

근데 정해진 시간보다 늦게 등장하고,

빨리 퇴장하는 행동에는 동의할 수 없다.

그런 행동은 주변 사람에게 피해를 줄 때가 많기 때문이다.

원래 '프로 불참러'라는 말은 방송인 조세호가
경조사를 골라서 참석한다는 농담에서 유래된 말이었다.
누구나 불참러 본능은 아주 작게라도 가지고 있고,
경조사뿐만 아니라 아주 작은 약속에서도
이런 마음을 실천하고 싶을 때가 있다.

적당한 신비주의는 자존감을 높여준다는 것…
인정!

조금 늦게 나타나고, 바빠 보이고 싶고,
희소성 있는 사람이고 싶은 건 매한가지일 테니 말이다.

그래서 나도 '일말의 신비주의'를 위한 노력을 해볼까 한다.
일부러 지각하고, 조기 퇴근하는 행동까지는 아니더라도,
참석할 모임을 '선택'해 보려고 한다.
모든 모임에 굳이 다 참석할 필요는 없는 것 같다.
이제 와서 생각해 보면 내가 가는 곳마다
나를 환영하는 것도 아니었는데,
왜 그리 열심히 참석하고 다녔나 하는 생각도 든다.
'안 갈 곳'을 추려서 일부만 참석하는 걸로 횟수를 줄이다 보면,
조금은 '불참러' 방향으로 가볼 수 있고,
아주 조금은 신비주의로 보이지 않을까?

'누가 볼까 무서워서'
못 하는 걸 줄여 보기

주변을 너무 의식하지 않아서,
'무례함이 당연한 캐릭터'로 통하는 선배가 있었다.
웃음소리는 너무 크고, 회의 중 배고프다며
도시락을 열어 냄새를 풍기고, 그러곤 배가 부르다며
다른 사람들에게는 식사 시간을 주지 않는…
한마디로 '내 즉흥적 의식의 흐름'을 주변에 강요하는
스타일이었고, 나에게는 낯설고 거부감 드는 사람이었다.

어느 날 그녀는 펜슬 스커트 수트에
스니커즈를 신고 출근했는데,
당시로서는 패션 테러에 가까운 모습에 모두가 경악했다.

나는 이 김에 한방 먹이고 싶은 생각이 들었고,
"그 패션 아닌 것 같아요. 너무 언밸런스 아니에요?"라고
나도 모르게 말해 버렸다.
근데 그 선배는 당황하지 않았다.
"오늘 만 보 걷는 게 목표라서 운동화 신은 건데?"라며
무슨 상관이냐 했고, 내 입장에서는 그래도 후드티에
청바지를 입는 게 낫지 않았겠냐고 되받아치려는
멘트까지 준비했지만, 그거야말로 남의 일에
주제넘는 말 같아 입을 닫아 버렸다.
복장 지적에 대한 그녀의 처세가 맞기도 했고 말이다.
평소에 쌓아둔 감정을 이때다 하고 풀어보려 했던 나는,
되려 머쓱해졌다.

그 선배가 싫은 마음이 들면서도,
서렇게 살진 말아야지 하면서도
이제 와 보면 그녀가 좀 부러웠던 것 같다.
시선 의식 안 하는 당당함, 뻔뻔함을 넘어서는 무례함,
그래서 사회성 결여된 사람이라고 치부해 버린 내 편견,

이런 생각 때문에, 정작 나는 '누가 볼까 무서워서'
아무 데도 못 가고 서 있었던 거다.

누가 볼까 무서워서, 민망해서…
남의 시선 때문에 못 하는 건 왜 이렇게 많을까?
누가 보든 말든, 남의 시선 따윈 아랑곳하지 않는 사람은 왜,
나대는 사람, 설치는 사람, 튀고 싶어 기를 쓰는 사람이고,
심지어 '관종'이라는 고까운 시선을 받아야 할까?
때로는 그들이 부럽다는 솔직함을 표현해야 하지 않을까?

좋아하는 스타에게 꽃길만 걸으라는 덕담으로 하는 말이 있다.
우리 해인이 하고 싶은 거 다 해
우리 아이유 하고 싶은 거 다 해
남에게는 하고 싶은 거 다 하라면서, 나는 왜 그러지 못하는지,
왜 누가 볼까 무서워서 매번 망설이고 있는지….
조금 뻔뻔해도 괜찮은 세상인데 말이다.

오늘부터 봉인 해제다! 나 하고 싶은 거 다 해!!

생일 파티는 셀프서비스입니다

신년이 되면 다이어리에 친구들의 생일부터 체크해 놓는다.

다이어리를 펼쳐보면, 한 달에 두세 건의 친구 생일이 보인다.

생일 기억은 나만 하는 걸로 정해져 있는 것 마냥,

파티 주도는 언제나 나의 몫이었고,

그게 압박감으로 느껴져 피로감을 느낄 때도 많았다.

하지만, 이젠, 고맙게도,

나의 숫자 기억 능력에 '은퇴식'을 고해도 될 것 같다.

나이를 먹을수록 친구들은

생일을 그냥 넘어가기 위한 명분을 찾고 있었고,

그 흐름에 따라 내 역할도 예전 같지 않게 되어 버린 것이다.

나이 먹는 거 굳이 세고 있어야 되냐
우리 사이에 무슨 이런 격식을 따지냐
생일은 원래 낳아준 부모님의 기념일이라잖냐

수동적으로, 심지어 당연하게 생일 축하를 받던 친구들조차,
'이젠 나도 내 생일 기억 못 한다'며 절레절레한다.
그래서일까 매년 행사처럼 들뜨곤 했던
어린 시절의 생일 파티는
비슷한 생일 몇 개를 하루로 퉁 쳐서 그 횟수를 줄여 나갔고,
지금은 아무 의미 없는 숫자들이 된 지 오래다.

그래도 그냥 지나치기 아쉬운 본능이 꿈틀거리는 날이 있고
그런 날엔 절친들의 단톡방에 축하 메시지를 올린다.
메시지를 받은 친구들의 반응은 한결같다.
그들은 한참 지난 후 형식적 이모티콘으로 고맙다고 하던가,
지금껏 무슨 생일을 기억하냐며 별종 취급을 하기도 한다.

더는 우리들의 생일 축하는 의미가 없어진 걸까?
각자 꾸리게 된 가정, 사회생활이 우선순위가 된 걸까?

매일 아침 SNS에 뜨는 누군가의 생일 알림만으로도
충분한 걸까?

어쨌든 우리들의 생일 파티는 더는 없다.
최영미 시인의 「서른, 잔치는 끝났다」를 같이 읽었던
친구들이었는데,
우리의 우정 잔치는 서른 이전에 끝나 버린 것 같다.
아무리 새로운 바람을 충전해도 탄력 회복은 힘들어 보이는,
그런 바람 빠진 풍선 같은 모습이
우리 우정의 현주소같이 느낀다.
더 슬픈 건 이런 공허한 느낌을 받아들일 수밖에 없다는 거다.

모두가 내 맘일 순 없다.
원래 자기 생일도 기억 못 하는 친구도 있고,
친구의 생일을 기억하지만 무심코 지나치는 친구도 있다.
어쨌든 내 기분을 상하게 하려고
일부러 모른 척하는 친구는 없다.
내가 친구 생일에 대한 기억에 집착하고
그걸 우정의 경중과 결부시킬수록,

우리의 우정은 점점
더 참을 수 없는 무거운 존재가 되어 버릴 게 뻔하다.

또렷이 기억나는 친구 생일도 그냥 지나쳐도 괜찮은 거고,
그러다가 우연히 축하해 줄 일이 생기면
맘껏 축하하는 날도 있을 것이다.
친구들 생일 챙기느라
정작 내 생일을 방치해 둔 장본인이 나였으니,

나만을 위한 셀프 서프라이즈~

그들에게 서운했던 감정은
이해할 수 있는 영역이 되어야 하고,
친구들의 생일을 축하했던
그 마음이 자연스럽게 나에게로 향할 시간이다.

이제부터 생일 파티는 '셀프서비스'라고 말이다.

×
그런데 아놔, 이건 좀 너무 했다.

내 실제 생일과 호적 생일이 다른 걸 아는 친구 녀석이
SNS에 생일 알림이 떴다며, 축하 메시지를 보내온 거다.
"야! 너 나랑 언제 적 친구고, 몇 번의 생일 파티를 했는데,
이럴 수 있어?"
그 친구에게 진심으로 버럭 하자,
친구는 숫자 기억이 잘 안 나는 걸 어떡하냐고
되레 큰소리였다.
난 친구의 웃픈 외침에 뿜어 버렸다.
이런 과정을 견뎌내며 가야 하는 게 우리들의 우정인 거다.

이유 없이 나를 싫어하는 사람을
받아들일 것

이유 없이 나를 싫어하는 사람이 있다.
말로 설명할 수 없는 것들은 세상에 왜 이렇게 많은지
아무리 찾으려고 해도 이유를 모르겠다.
그냥 저 사람이 나를 싫어한다.
그 싸늘한 시선과 말투에 아무리 눈치 제로라도 느낄 수밖에 없다.

특히나 사회생활에서 이런 사람을 만나면,
게다가 그가 상사의 위치라면 진퇴양난이다.
맞닥뜨릴 수도 없고, 피할 수도 없다.
아는 척하면 안다고 미움받고,
모르는 척하면 모른다고 미움받는다.

절망적인 건 그가 나를 좋아하게 만들 방법도 없다는 거다.

싫어하는 이유가 없기 때문이다.

어릴 적엔, 이런 사람을 만났을 때 잘 보이려는 노력도 해 봤다.

싫어하는 줄 뻔히 알면서도 말을 시키고,

회식 자리에서도 일부러 옆자리에서 술 한 잔을 권하곤 했다.

하지만, 어떻게 해도 결과는 달라지지 않았다.

이유 없이 싫어하는 데는 정말 약도 없었다.

거울을 들여다봐도

저 사람이 나를 싫어하는 문제점을 찾을 수 없다.

소름 끼칠 만큼 호감형은 아니지만,

주먹을 부를 정도의 비호감도 아니다.

'웃는 얼굴에 그래도 침은 안 뱉겠지' 하는 심정으로 살아가지만

겪어보니, 웃어도 침만 잘 뱉는 세상이다.

이유 없이 나를 싫어하는 사람이 나타날 때마다

깨닫는 현실이다.

생각해 보면 입장이 바뀔 때도 있다.

나에게도 주는 거 없이 미운 사람이 있고,

그냥 정이 안 가는 사람이 있다.
그런 사람은 좋아질 가능성도 없고,
좋아하려 노력하고 싶지도 않다.
나도 왜 그 사람을 싫어하는지 모른다.

쿨하게 인정해야 한다.
나를 싫어하는 사람도 있고, 내가 싫어하는 사람도 있다.
고로, 지금부터는 이유 없이 나를 싫어하는 사람들에게
항복을 선언한다.
왜 나를 싫어하지? 내가 뭐가 그리 부족하지?
어떻게 해야 저 사람의 미움을 받지 않을 수 있지?
잘 보이려고, 어떻게든 마음을 바꿔 보려고,
그를 향해 상승해 있었던 내 입꼬리는
더는 올라가지 않을 것이다.

To. 나만 싫어하는 사람

당신이 나를 싫어하는 이유를 찾지 않기로 했어.
근데 사람들 앞에선 티 좀 안 내면 안 될까?
함부로 행동하진 말라고!!

From. 당신 앞에서만 웃지 않을 사람

우리가
'어른이'로 사는 이유

서점에 글보다 그림이 많이 있는 책에 어른들의 눈길이 간다.
'곰돌이 푸우, 빨간 머리 앤, 이상한 나라의 앨리스'처럼
사랑스러운 캐릭터가 변하지 않은 모습으로
건네는 따뜻한 말은 큰 위로가 된다.
그리고 우리의 '든든한 힐링 군단' 중 군계일학은 단연 '펭수'다.

B급 뽀로로, 직통령(직장인들의 대통령)으로 불리는 힙 가이 펭수!
펭수를 대할 때 어른들의 표정은
아이들이 뽀로로를 대할 때의 그것과 똑같다.
한 번도 안 본 사람은 있어도,
한 번 보면 무조건 입덕하게 만든다는 펭수의 마력!

펭수가 어른들의 취향을 제대로 저격하고,
우리의 우상이 된 이유는 무엇일까?

일단 펭수는 어설픈 위로를 하지 않는다.
괴로울 때 '잘 될 거야' 같은 말을 들으면 오히려
더 막막해질 때가 있는데,
펭수는 '잘 될 거야'보다는 '안 되면 할 수 없지'라고 말해 준다.
그리고 현실을 직시하라고 한다.
'너는 너니까. 그리고 내가 너를 사랑하니까'라면서 말이다.

펭수가 가진 묘한 매력은 '짠한' 배경을 가진 존재라는 것이다.
어찌 보면 나를 위로해 줄 것 같지 않고,
내가 위로해 줘야 할 것 같은 이미지다.
극강의 크리에이터를 꿈꾸며
남극에서 혈혈단신으로 올라온 펭수는
엄마 찾아 빙하 타고 내려온 둘리같이 짠한 배경을 갖고 있는데,
이런 모습을 사람들은 '험한 세상에 사는 나'와
동일시하는 것 같다.
그리고 이게 바로 요즘 어른들의 힐링 포인트다.

그런데, 펭수가 진짜 사랑받는 이유는,
짠하고 미약한 존재임에도 높은 자존감을 가진
'반전 캐릭터'이기 때문이다.
자소서에 자신만만하게 써 있는
"존경하는 인물 = 나 자신"
펭수의 세계관은
'내가 나를 사랑하는 한 못할 것이 없다'고 말하는
BTS 세계관과 동일한데,
그래서일까? 자기애로 무장한 펭수는
매사에 자신감이 충만하고 거침이 없다.
하기 싫은 건 안 하는 자유로움,
자신이 매력 그 자체라고 말하는 당당함,
애당초 나의 잘못은 없다고 잘라 말하는 터프함까지
'다 가진' 펭수!

나는 어른이 아닌가 봐 ㅠㅠ

수고했어 오늘도

이 녀석, 정말 보면 볼수록 '사기 캐릭터'다.
'그 자존감, 나도 좀 가져보고 싶네' 하는 푸념을 토해내며
어른들은, '이 시대의 어른이'를 자처하며
펭수 유니버스에 들어가기 위해
고독한 손가락으로 스마트폰을 만지작거린다.
현실에서 위로받을 것도, 치유 받을 것도 없는
이 외로운 어른들이 열 살 먹은 펭수의
'퇴근해'란 말에 힘이 나고,
'사랑해'란 말에 가슴이 두근댄다.
이렇게 에너지 상승시키는 감정이 '나를 지킬 힘'인 거고,
어른보다는 '어른이'의 모습으로
펭수에게 기대고 싶어지는 이유다.

너를 나보다 더
사랑할 수는 없어

영화 〈라라랜드〉는 볼 때마다 다른 느낌으로 다가왔다.
어떤 텍스트가 좋아지는 건 나의 감정이 이입되기 때문일 거고,
나는 〈라라랜드〉가 던져주는 감동을 넘은
진짜 밑바닥에 들어가 보고 싶었다.
'이루어지지 못한 첫사랑에 대한 먹먹함'이 생각나서
이렇게까지 강한 울림을 느끼는 건 아닐 거라
생각했기 때문이다.
맞다.
내가 찾아낸 〈라라랜드〉의 메시지 코드는 다른 거였다.
그것은 '셀프 프로포즈'였다.

미아와 세바스찬은 서로의 꿈을 향해 달려가는 레이스 위에서
연인이 되고, 둘만이 공유하는 세계 속에서
서로를 이해하고, 응원하고 이렇게 생긴 끈끈한 유대감은
그들의 사랑을 더욱 견고하게 해 준다.

그랬던 둘은 왜 헤어졌을까? 왜 헤어질 수밖에 없었을까?
그 이별의 발단은 그들이 '선의의 경쟁자'였다는 데서 시작된다.
미아와 세바스찬은 '경쟁'의 속성이 그러하듯,
앞서거니 뒤서거니 달라지는 각자의 모습에서
서로를 비교하게 된다.
미아는 빨리 달리는 남자 친구 세바스찬을 보며
자신의 위기를 자각하고,
그 감정을 연인에 대한 애정 결핍으로 착각한다.
차근차근 꿈을 이루고 싶었던 그녀는 점점 조급해지고
언이은 오디션 낙방과, 연극의 실패로
멘탈까지 붕괴되기에 이른다.
결국, '꿈을 위한 공백기' 비슷한 명분하에
둘은 이별을 하는데,

이들은 먼 훗날 서로의 꿈을 이룬 상태로 원격 재회를 하며,
'첫사랑은 이루어지지 않았음으로 첫사랑'이라는
낭만적인 명제를 확인하는 데 만족한다.

무자비하게 영화의 스포까지 투척하며 내가 강조하고 싶은 건,
연인끼리 선의의 경쟁을 한다고 해도 '경쟁은 경쟁'이며,
그 안에선 '너보다 나를 응원할 수밖에 없다'는 거다.
아무리 상대를 사랑하지만,
그래도 둘 중 한 명이 이겨야 한다면
그 앞서가는 주인공이 '네가 아니라 나이길' 바라는 게
솔직한 인간 마음이다.
그러므로 내가 뒤처지면, 더는 상대에게 박수칠 수 없다.
순수한 응원의 마음은
'나도 잘 되고 있다'는 전제하에 생길 수 있는 것일 뿐,
연인도 그 예외가 될 수는 없으며, 나는 나를 보호하기 위해
그와 거리를 둘 수밖에 없는 거다.

경쟁자가 주는 자극은 너무나 필요한 것이라지만,
비교에 집착하는 순간 그 경쟁의 끝은 어차피 행복일 수 없다.

그래서 미아와 세바스찬은 헤어진 것이다.
그들도 자기 자신을 더 사랑하는
'평범한 사람들'이었기 때문에,
미아가 파리로 떠나는 이별의 의식은 그 두 사람에게
'셀프 프로포즈'의 다른 표현이었던 거다.

나를 응원할 수밖에 없는…
나를 사랑해

영화 말미에 나오는 플래시백이 현실이었더라면,
둘은 이어졌을까?
확실하게 말하는데 "절대 놉놉!"
그 둘은 자신의 꿈을 위해, 서로의 사랑을 떠나보냈고,
현재의 삶을 사랑한다.
그 시절이 아련하고 그리운 건,
지금 자신의 모습에 만족하기 때문이다.

'누구도 나를 나만큼 사랑해 줄 수는 없다'며
결혼의 꿈을 쿨하게 접어 버린 친구가 있다.
이 말 정말 맞는 것 같다.
동시에 너를 나보다 더 사랑할 수도 없다.

막다른 상황, 결정적 순간, 분기점의 상황에서,
열십자 한복판에서,
눈앞에 보이는 건 나밖에 없을 것이고,
내가 잘 되어야 너도 응원할 수 있다.

쉽게 친해질 수 없는 사람이 되고 싶어라

술자리에서 진실 게임을 할 때 있던 일이다.
한 선배가 이런 말을 했다.
"나는 네가 후배인데도 좀 불편해. 친해지기 어려워"라고.
게임은 게임일 뿐 오해하지 말자~ 돌리고 돌리고~
이러면서 지나쳤지만, 그날의 여운은 이상하게 오래 남았다.
그리고… 게임은 게임일 뿐이라고 했는데….
그 선배와 멀어져 버렸다.

이유가 궁금했다. 왜 나에게 그런 말을 했는지.
같이 일한 기간이 몇 년인데 이제야,
그것도 공개 석상에서 그런 말을 했는지 말이다.

나도 좋아하는 선배는 아니었으니,

신경 안 쓰면 그만이다 싶었지만,

그래도 그 이유만큼은 궁금했고, 물어보고 싶었다.

왜 그런 말을 했냐고. 진짜 그날 하고 싶었던 말은 뭐냐고.

사람들도 다 있는 데서 왜 나한테 함부로 얘기했냐고.

그 이유는 오랜 시간이 지난 후 알 수 있었다.

"나는 네가 후배인데도 좀 불편해. 친해지기 어려워"

라는 말의 의미는,

'나는 너와 맞지 않는데,

너도 딱히 나를 좋아하지 않는 것 같으니,

더는 친해질 사이는 아닌 것 같고,

서서히 멀어지는 게 좋겠다'라는 뜻이었다는 걸….

더 깊숙한 인간관계로 들어가서,

맞지 않는 업무 스타일과 성격으로 갈등을 빚고,

기어이 상처 주고 끝나는 관계까지 가고 싶지 않았던

선배의 선견지명이었던 거다.

물론, 그 선배도 하루아침에

나에게 그런 감정이 든 건 아니었을 거다.

내가 그 선배를 별로 좋아하지 않는 것도

표가 났을 거라고 생각한다.

그 선배는 왠지 어려워서 다가가고 싶지 않았고,

늘 서먹하고 불편했다.

성격도 원만한 선배였으니,

그가 딱히 나에게 잘못한 것도 없었을 텐데,

그냥 나에게 맞지 않는 사람이었다.

직접 싫다고 말한 적은 없지만,

나도 모르게 싫은 티를 내기도 했을 텐데,

그걸 못 느꼈을 리는 없는 선배는

내가 얼마나 괘씸했을까 싶다.

그럼에도 그녀는 표정하나 바꾸지 않고,

우리의 관계를 돌직구로, 아주 깔끔하게 정리해 주었다.

그 진실 게임 이후로 그 선배와 엮인 일은 없다.

그래서일까? 가끔 그녀의 생각이 날 때도 있지만,

특별히 나쁜 기억이 떠오르진 않는다.

서로 간에 '싫음'을, '안 맞음'을 버티는 시간을 겪었더라면,
이런 감정으로 남지는 못했을 것이다.

모든 사람과 친하게 지낼 수는 없는 법이고,
'만인의 연인'이 삶의 목적이 아닌 이상,
싫은 사람에게는 '친해지고 싶지 않은' 시그널을
보낼 필요도 있는 것 같다.

그래야 '서로 맞지 않음'을 감지했을 때,
더 가까워지지 않도록 사전 차단해 버리기가
쉬울 것이기 때문이다.
그 선배는 나를 사전 차단했고,
그래서 지금 그에게 감사하는 것처럼 말이다.

안 맞는 신발을 신을 수 없듯이 안 맞는 사람을 밀어낼 자유

나를 너무 수그린 사랑은…
새드 엔딩

내가 뭐가 아쉬워서 이 사람한테 이렇게까지 할까?
내가 뭐가 부족해서 이 사람한테만큼은
이렇게 수그릴 수 있을까?

누군가를 좋아하면,
제3자의 입장에서 '희생'으로 읽히는 것들이
'사랑'이라는 이름으로 자연스럽게, 자발적으로 가능해진다.
하지만 모든 걸 쏟아붓고도 그 정성을, 그 사랑을
인정받지 못하면 당장 실패한 내 사랑이 문제가 아니라,
앞으로 살면서 '뭘, 더 이상, 어떻게,
이것보다 잘할 수 있을까' 하는 자조감에 더 힘들어진다.

자신을 돌보지 않을 정도로 나를 낮추고
마음을 표현했지만 거절당했고,
그 후유증으로 오랫동안 방황한 적이 있다.
오랜 시간 후, 그와 얘기할 기회가 있었던 나는,
"옛날에 너를 좋아했던 나에게 할 말은 없냐"고
단도직입적으로 물어봤다.
그는 잠시 머뭇거리다가 의외의 말을 꺼냈다.
"당시에는 네가 너무 저자세니,
내가 아무것도 할 수가 없었다"면서 덧붙였다.
"나를 너무 완벽한 사람으로 생각하고
무슨 연예인처럼 좋아하니, 어찌할 바를 모르겠더라.
난 그렇게 완벽한 사람이 아닌데…"
그는 과하게 잘해 주는 내가 부담스러웠다는 말을 돌려 했고,
나는 부끄러웠다.
정성을 다해 좋아했던 사람에게 이런 얘기를 들을 줄은
생각도 못 했다.
억울하고 서러운 감정이 치솟았지만,
나를 거절했던 그의 말은 군더더기 없이 명확했다.

나는 '환상 속의 그대'가 아닌 '현실 속의 그대'였고,
그런 나에게 너는 천부담만부담스러운 존재였다고.

수그리는 게 죄다. 나를 너무 수그리는 방식의 사랑은
스스로를 '배려심 많은 사람'보다는
'자존감 없는 사람'으로 만들고,

너를 사랑하기 전에, 나부터 사랑해야 했어

상대는 오히려 그 부분을 부담스러워하는 것 같다.
아이러니하게도 내가 어필하고 싶었던 부분이
'거절의 이유'가 되는 셈이다.
이런 사랑은 어차피 '새드 엔딩 답정너'이고,
그 실연의 끝에서 상대를 원망하기보다는
스스로에게 무책임했음을 인정할 수밖에 없다.
그 자리에 남아있는 건 '나에게 너무 미안한 나'뿐이다.

아무리 좋아하고, 뭐든지 다 해 줄 수 있을 것 같았어도
일말의 이성을 챙겨야 했다.
백번 수그리고 싶은 마음과 적당한 밀당을 하며,
절반만 수그려야 했던 거다.
나부터 당당했어야, 나부터 나를 사랑했어야 했는데,
그러고 나서야 사랑도 할 수 있었던 건데,
그걸 몰랐던 거다.

셀·프·**러**·**브**·IV

혼술이 가장
자연스러워

혼자가 편한 사람이 되고 싶어

내가 결혼하지 않아도
괜찮을까

피아노를 10년째 배우고 있다.
이유는 없다. 그냥 배우고 싶어서 배우는 건데,
이런 얘기를 친구들에게 하면
"아직도 그러고 사냐? 아가씨 팔자가 좋은 거네."
"나는 내 딸내미 피아노 가르치느라
그런 거 생각도 못 하잖니?"
친구들에게 돌아오는 대답은 대체로 이런 유형이다.
이런 말을 몇 번 듣다 보면,
친구들에게 내 얘기를 꺼내는 게 쉽지 않다.
나만 잘못 사는 듯한, 이 거지 같은 기분은 뭐지?
이런 게 '결혼과 비혼'이 만들어놓은 너와 나의 경계선일까?

혼자 있을 때는 오히려 결혼하지 않아도 괜찮을 것 같다.

누가 옆에 없어서 외로운 적도 없고,

오히려 혼자 있는 게 편하다.

결혼하지 않아도 괜찮다는 나의 믿음에 균열이 생길 때는

예외 없이 결혼한 친구들을 만났을 때다.

나만 다른 길로 가는 사람이고,

그 다른 길이 옳지 않은 길이며,

그래서 나이는 먹지만

철은 들지 않는 사람이란 느낌을 받기 때문일까?

그런 것 같다.

상대적으로 들 수밖에 없는 이 느낌 때문에

혼란스러운 것 같다.

우린 '어른의 조건'이 '결혼과 출산'으로 인지됐던

뽀시래기 시절을 함께 겪었고,

그 목적을 위해 달려온 것도 사실이기 때문에,

우리가 믿어온 '어른의 조건'에 부합하지 못하면

결혼한 친구들의 시선에서

비혼자가 2% 부족한 어른인 게 맞는 거다.

가끔 스스로에게 '결혼하지 않아도 괜찮을까'라고
질문하는 이유는 내 생각이 흔들리기 때문이 아니다.
남들이 바라보는 시선으로 나를 바라보면
내가 너무 위태해 보이기 때문인 것 같다.

내가 '비혼'을 선택한 것도
결혼한 친구들이 결혼을 선택한 것처럼,
오랜 숙성 기간을 거쳐 내린 중대한 결심이었다.
하지만 이 부분을 명확하게 설득시키기엔
무리가 있음을 느낀다.

이럴 때 필요한 건 자기 확신밖에 없는 거 같다.
그냥 내가 선택한 비혼이라는 삶에 만족한다는 확신 말이다.
그리고 이젠 그 확신을 직설적으로 표현하려고 한다.

나는 잘 살고 있고,
너희들이 육아를 고민할 때, 나는 내 생각을 좀 더 하는 거고,
너희들이 화목한 가정을 생각할 때,
나는 혼자 잘 살 계획을 세우는 것뿐,
멋지게 20대를 지나, 더 멋지게 30대를 살고,
안정되게 40대를 살고 싶은 생각을 하는 건
너희들이나 나나 매한가지라고.
그러니까 나는 결혼하지 않아도 괜찮을 거고,
나를 결혼 못 한 미완성 어른으로 바라보는 건
매우 실례되는 행동이라고.

"오늘 뭐 하니"라고 묻는
선배가 되지 말기

"오늘, 뭐 하니"는
사회 초년 시절 처음으로 공포를 느꼈던 말이었다.
대선배님이 나를 비롯한 후배들에게
자주 하는 말이었기 때문이다.

충만한 능력과 훌륭한 외모에,
밥과 술도 잘 사주는 선배이며,
후배 작가들에게 '롤 모델 인간형'으로 평가될 만큼
멋진 여성이었지만, 그녀에게는 골치 아픈(?) 습관이 있었다.
일이 끝나면 후배들과 어울리기를
지나치게 좋아한다는 것이었다.

처음엔 몇 번 따라가 술도 먹고, 영화도 보고, 노래방도 갔다.
하지만 이런 저녁 시간의 패턴이 '당연한 일과'로 인식되면서
그녀에게서 벗어나고 싶은 생각은 간절해져 갔다.

퇴근 후 선배님과의 술자리가 편할 리는 만무했다.
심지어 술이 얼큰히 취할 때 즈음이면 피해갈 수 없는
'선배님 띄워주기 배틀'은
누가 들을까 무서울 정도로 민망했다.

언니는 이렇게 예쁜데 왜 결혼을 안 하세요?
언니는 보면 볼수록 이목구비가 정말 예쁘세요!!
언니, 소개팅해 드릴까요?

사회생활에서 용비어천가 읊는 스킬이
중요하다는 것을 느낀 것도 이때 즈음이다.

하루의 끝에서 '홀가분하다'라는 감정을 느껴보고 싶었다.
소중한 저녁 시간이 이런 식으로 소비되는 건,
내가 꿈꾸던 '사회생활'이 아니었다.

당시에 '워라벨'이란 말이 없었을 뿐,
'워라벨'과 '저녁이 있는 삶'은
시공을 초월한 사회인들의 오랜 꿈이었단 말이다.
그래서 나는 '저녁 있는 삶'을 사수하기 위해
선배에게 거짓말을 하곤 했다.
'집에 일이 있어서요, 몸이 안 좋아서요…'라며
속 보이는 핑계를 댔고,
그러면서 자연스럽게 그 모임에서 탈출할 수 있었다.

혼자 하고 싶은 게 많으면, 외로움에도 설레더라

물론, 그 선배 마음속에 '블랙 리스트'로
저장되는 찜찜함을 견뎌내야 했지만 말이다.

이십 대 중반이었던 그때부터 스스로에게 말해왔다.
나의 외로움 때문에 후배에게 '오늘 뭐 하니'라고 묻는
선배는 되지 말자고.
내가 습관적으로 뱉는 '오늘 뭐 하니'는
그들에게 꼰대 짓으로 느껴질 수 있기에.
'외로움'이란 녀석과 적당히 놀 수 있는 경지에 이르면
혼자 있는 저녁이라도 굳이
누가 필요하지 않다는 진리를 깨닫게 될 거라고.

'오늘 뭐 하니'는 타인에게 하는 질문이 아니라
스스로를 향한 질문이 되어야 옳은 것이라고.

혼술이
자연스러워

나는 자칭 애주가다. 그나마 폭음가, 주당에서 유해진 애칭이다.
내가 술을 마시고, 술이 나를 마시고, 술이 술을 마시고,
아무 말을 하고, 아무 데서나 넘어지고, 다음날 해장술을 찾고,
무슨 여자가 그렇게 술을 마시냐는 소릴 들으면
'여자가 어때서' 이러면서 또 마셨다.
기분 좋아서 낮술 마시고, 기분 나빠서 밤새워 마시고
그러다가 해를 보고
벚꽃놀이는 벚꽃 보면서 마시고, 월드컵은 축구 보면서 마시고,
추석은 보름달 보면서 마시고,
성탄절은 예수님 생파하면서 마시고….

그랬던 내가 이젠 혼술 마니아가 됐다.
같이 마셔줄 사람이 준 것도 사실이고,
끝장을 보는 술자리가 힘들어진 탓도 있다.
게다가 혼술의 매력에 흠뻑 빠지면서
그런 자리가 필요 없어졌다.

혼술이 좋은 이유는 셀 수 없이 많지만,
일단 지독한 과음으로 이어지지 않아 뒤끝이 없고,
내가 좋아하는 술과 음식과 음악의 마리아주를
풍성하게 만끽할 수 있다.
또 혼술하며 혼자 생각할 시간이 많아지고,
그때 생각했던 것들이 인생에 도움을 주는 경우가 많다.
하지만, 나 같은 주당도 혼술 앞에서 당당해지기까지는
꽤 오랜 시간이 걸렸다.
'혼자 술 마심'에 대한 시선은
아직도 '남다른 사람'임을 전제하기 때문인 것 같다.

외국 여행 중 혼술을 하고 있을 때 있던 일이다.
나는 맥주 500cc를 세 잔째 마시는 중이었고,

이래저래 글을 좀 끄적이다가, 혼술 인증샷을 찍을 참이었다.
미니 삼각대를 세팅하고 있는데,
갑자기 가게 직원이 다가와 사진을 찍어 주겠다고 했다.
그 갸륵한 친절함에 고맙단 말까지 하고
V자까지 그려 보였는데….
뭔가 찝찝했다. 사진을 찍고 나서부터
카운터에 자꾸 신경이 쓰이는 거였다.
그 신경 쓰임이 직원들의 시선 때문이라는 걸 깨달았을 때,
사진을 찍어 주겠다는 그 직원의 호의는,
'내가 취했는지 확인'해 보기 위한
감시의 방법이었음을 깨달았다.
'혼술을 하는 나'는 그 가게에서 요주의 인물이었던 거다.
혼술이란 게 이렇게 어려운 거구나!
남의 시선을 의식 안 할 수 없는 게 혼술이구나….
이런 상황은 혼술할 때마다 심심치 않게 찾아왔고,
그로 인해 조금 위축되기도 했다.

하지만, 세월이 약이라고 했던가…
혼술, 혼영, 혼여, 혼밥이 유행하는 시대가 오면서,

나의 혼술 라이프도 더불어 당당해지고 있다.
1인용 샤브샤브에 소주 한 잔도,
익선동 카페에서 혼자 만끽하는 치맥도
나를 위한 가장 '자연스러운 시간'이 됐다.
이 뿌듯한 설렘이 뭔가 싶다.

혼술이 자연스러워지면, 흥이라는 게 폭발한다

남들은 이제 시작하는 혼술 라이프가
나에게는 안정기를 거쳐 성숙기로 접어들고 있다니,
뭔가 앞서가는 사람 같다는 기분도 든다.
그리고 혼술이 자연스러워진 사람들만이 알 수 있는 한 가지!
혼자 술도 마시는데, 혼자서 못 할 게 뭐가 있겠냐며
세상에 '다 덤벼! 다 비켜!'라고 외칠 수 있는
용기와 자신감이 따라온다는 것!
이건 뭐 술기운 때문일 수도, 어설픈 허풍일 수도 있지만….
그래도 혼술이 자연스러워져 즐거운 세상이다.

×

적당히 마시는 혼술은 에미, 애비도 잘 알아보고요,
약간 취중에 쓴 글 중에 건질 것도 많답니다.

(아, 이 글은 말짱할 때 쓴 글입니다만)

×

혼술이 자연스러워지면, 자연스러운 뱃살까지 받아들여야
한답니다.

비혼식,
아직은 쑥스럽지 말입니다

비혼식 키워드가 주요 포털을 장식했던 어느 날,
미혼과 비혼 사이에서 고민하던 나에게
'비혼식'이란 단어가 자꾸 밟혔다.
비혼족이 많아지자, '비혼식'을 올리는 풍토까지 생겨났고,
비혼식의 과정을 결혼식처럼 지원해 주는
회사까지 생겼다고 한다.
그냥 조용히 살면 되지,
비혼식이란 걸 왜 해서 굳이 티를 내려고 할까?
난 이 요란스러운 의식을 하려는 이유가 뭘까 생각해 봤다.
이유는 크게 세 가지로 추려졌다.

첫째, 나는 '미혼' 아니고 '비혼'임을 주변에 알리기 위해
둘째, 결혼이라는 제도 없이도 잘 살 수 있다는 확신을
스스로에게 주기 위해
셋째, 그동안 주변에 뿌린 축의금을 돌려받기 위해

이런 이유가 다 합당하다고는 생각하지만,
그래도 비혼식까지 한다는 건 투머치라는 느낌이다.
뭔가 별종 취급을 받을 것 같고,
식 이후의 행동에 오히려 제약을 받을 것 같다.
남다른 사람, 이해 안 되는 족속,
결혼 못 하는 자들의 자기 위안….
비혼주의자들을 향한 불편한 시선은 안 그래도 부담스러운데,
비혼식을 강행해서 엄한 상황으로
나를 몰아넣을까 봐 그게 제일 겁난다.

그런데 세 번째 이유 '축의금 페이백'에는 좀 솔깃했다.
수도 없이 참석해 온 각종 경조사를 생각하면,
비혼식을 통해 돌려받은 축의금으로
'셀프 혼수'를 장만하면 그것도 괜찮겠다 싶었다.

그래서 장난삼아 '비혼식 초청 리스트'를 만들어 본 적이 있다.
내가 비혼식을 한다면 누구를 초대할지
궁금하기도 했고 말이다.

그런데! 리스트를 작성해 보니 결정적 모순점이 눈에 들어왔다.
세월이 흐르면서 끊어진 인연들이 많았던 거다.
축의금을 돌려받기 위해서는,
끊어진 사람들에게 연락해야 하는 민망함을 감수해야
만족할 만한 '축의금 페이백'이 가능하다는 결론이 나왔다.
지인들의 결혼식에 적극적으로 참석한 결과는 참담했고,
나는 멘붕 상태가 됐다.

여보세요? ○○야! 너 결혼식에서 보고 10년 만인가?
다름 아니라… 내가 비혼식을 하는데… 올 수 있겠니?
(이러면서 내가 왜 비혼주의자가 됐는지 구구절절 설명도 해야겠지)

아우… 생각만 해도 끔찍한 통화다. 못할 일이다.
의미 없는 경조사까지 과하게 참석했다는 사실에
아쉬움은 있지만,

그런 사람의 얼굴까지 보며 비혼식을 추진한다는 것은 도저히 내키지 않는다.

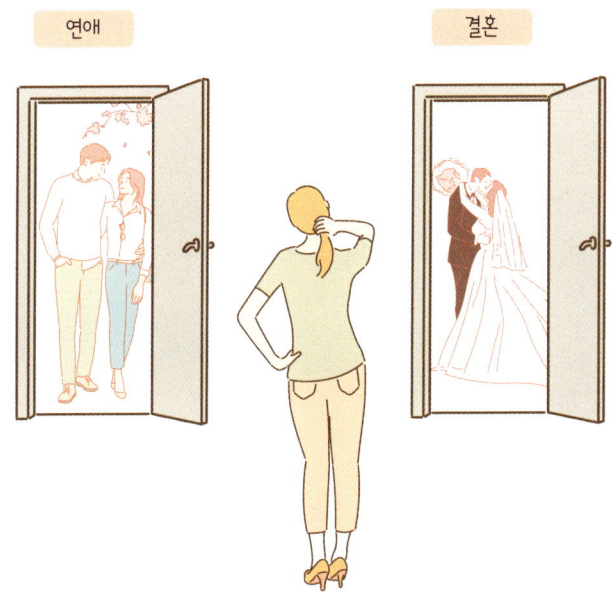

결혼은 선택, 비혼도 선택

그래서 아이러니하게도 나는 비혼식 리스트를 작성하던 날,
비혼식을 하지 않기로 결심했다.
축의금 페이백을 위한 비혼식에 대한 마음은
더더욱 깔끔하게 접었다.
다만, 언젠가, 나의 비혼을 응원해 주는 사람들과
비혼식 비슷한 파티 정도는 할 수도 있겠다고 생각한다.

'연애는 필수, 결혼은 선택'을 외치며 아모르 파티를 찾아
헤매는 사람들 그리고 그 평범한 사람 중에서,
결혼을 선택하지 않은 비혼주의자들
난 우리가 좀 더 당당해졌으면 좋겠다.
뭐. 아직은. 그래도. 좀. 쑥스럽지 말입니다….

혼자인 듯, 혼자 아닌, 혼자 같은 나

유재석: 다음은 신인 가수 유산슬 씨의 무대입니다.
유산슬: 안녕하세요. 신인 가수 유산슬입니다.
　　　　나는 상수~ 너는 망원~ 🎵

국민 MC 유재석이 '신인 가수 유산슬'을 소개했을 때,
아무도 '유재석 왜 저래?'라고 하지 않았다.
사람들은 처음부터 유산슬이라는 존재에서
유재석을 배제했고,
그를 '트로트계의 이무기'로 이질감 없이 받아들였다.
본캐(주 캐릭터)로부터 부캐(보조 캐릭터)가 파생되는 상황은
더는 특별한 일이 아니다.

TV 속에서 '혼자서도 잘 노는' 방송인들은 많지만,
본캐와 부캐. '혼자인 듯 혼자 아닌' 유재석과 유산슬은
그들과 다르다.
우리가 본캐와 부캐라고 부르는 이런 현상은
'멀티 페르소나'로 설명될 수 있다.
내 정체성을 구분 짓는 하나하나의 모습들을
'페르소나'라고 하는데,
대중들이 이 '페르소나'의 의미에 관심을 보이게 된 건
BTS 유니버스를 만나면서부터다.
BTS는 '너 자신을 사랑하라'는 메시지를
'페르소나'에 접목했고,
'사람은 천 개의 페르소나를 적재적소에 꺼내며 살고 있다'는
정신의학자 카를 구스타프 융의 주장을 가사에 반영했다.
사람들은 월클 아이돌이 말하는
'내 자신을 사랑하는 방식'에 대해
심도 있는 관심을 가지기 시작한 건데,
이 현상이 본캐와 부캐의 활성화로 연동되며,
'멀티 페르소나'의 의미로 정립된 것이다.

그래도 생소하기 만한 '페르소나'라는 개념을
쉽게 이해시켜준 건 역시, '유재석과 유산슬'이다.
유재석은 '합정역 5번 출구'를 히트시킨
신인 가수 유산슬이라는 부캐를 세상에 내놓았고,
그로 인해 신인 시절의 마음으로 돌아가 본
타임리프의 판타지와,
가요계라는 새로운 세상에 도전한 성취감,
나아가 내 가능성은 무한대라는 희망까지도 느꼈을 것이다.
예상대로 유재석은 유산슬을 넘어
라섹, 유르페우스로 이어지는 New-부캐를 세상에 내놓았고
우리는 그의 부캐에 열광하고 응원한다.

생각해 보면 우리도 이미 여러 개의 '부캐'를 가지고 있다.
회사에서 고지식한 이미지의 모범생은
주식 카페에서 날카로운 분석력을 뽐내는 영웅이고,
퇴근하면 스페인 여행을 위한 어학 공부에 심취해 있디.
학교에서 대쪽같은 이미지의 수학 선생님은
알고 보니 BTS에 입덕한 열성 팬이며,
살사 댄스 대회 출전을 앞두고

연습에 매진 중인 반전 캐릭터다.

모두가 '나'라는 본캐를 중심으로
하나의 세계관을 형성시켜가고 있다.
특히나 밀레니얼 세대들에게는
수많은 나를 만들 수 있는 많은 콘텐츠가 열려있다.
마음만 먹으면 SNS에서 여러 계정으로,
패셔니스타가 될 수도, 랜선 집사가 될 수도,
게임 마니아가 될 수도 있다.
나의 '본캐'가 있는 곳은 집이지만, '부캐'들이
뛰어놀 수 있는 곳은 시공을 초월해 널려있는 셈이다.

'멀티 페르소나'라는 개념이 '나를 사랑하는 방식'이 됐다는
데에는 누구도 이의를 제기하지 않는다.
내 정체성 모드만 쉽게 전환할 수 있다면 못 할 게 없고,
본캐에만 정성을 들였던 내 삶에,
여러 가지 부캐를 만들 기회가 눈앞에 있다.
내가 인식할 수 있는 정체성이 몇 개인지,
몇 개의 부캐를 만들고 싶은지,

완전한 나의 세계관은 부캐에서 완성된다

내 '멀티의 한계는 어디까지'인지
스스로를 예의주시해야 할 시점이다.
늘어나는 부캐 속에 삶은 풍성해질 것이고,
그것이 늘 똑같았다고 생각했던 나의 일상에
숨통을 틔워 줄 것이다.
이것이 나의 본캐보다는 부캐에 피이팅을 외치는 이유다.

'혼자인 듯, 혼자 아닌, 혼자 같은 나'로 살아야
재밌는 세상임에 틀림없다.

잃어버린 나의 '갬성'을 찾아서

주변에 결혼하지 않은 친구들이 많아서, 덜 외롭겠구나….
이런 말을 많이 듣는데, 솔직히 전혀 상관없는 얘기다.
혼자인 친구들이 더 바쁘다.
그들은 혼자라고 누구를 찾지 않는다.
'혼자서 무엇을 할까'를 늘 생각하기 때문이다.
"뭐 재밌는 거 없나"를 입버릇처럼 하는 지인이 있는데,
나는 그때마다 '오늘 한 잔 하자는 건가,
진짜 재미있는 걸 알려달라는 건가' 하며 헛갈리곤 했다.
그런데 그의 말은 같이 놀아달라는 게 아니라
"오늘은 혼자서 뭐 하고 놀까?" 하며
혼잣말을 하는 거라는 걸 알았고,

알고 보니 그의 정체도 '혼자'를 즐기는 비혼주의자였다.
흔히들 혼자 있으면 외로울 거라고 생각하는데, 그렇지 않다.
혼자서 잘 놀지 못하기 때문에 외로운 거다.

혼자 있어도 외롭지 않으려면, 내가 좋아하는 걸 찾아야 한다.
무엇에 잘 꽂히게 하는 내 감성의 실체가 무엇인지를
찾아내야 한다.
근데 이걸 찾아낸다는 게 쉬운 건 아니다.
책은 혼자일 때 친구가 되어줄 수는 있지만,
혼자서도 잘 노는 방법을 알려 주지 않는다.
그건 혼자서 '해 봐야' 알 수 있다.
혼자 여행을 가야 할지, 혼자 영화를 봐야 할지,
혼자 술을 마셔야 할지,
혼자 밥을 먹어야 할지, 혼자 캠핑을 가야 할지,
혼자 야구장을 가야 할지….

음악을 좋아한다고 해도,
콘서트장을 가는 게 좋은지, LP 바를 가고 싶은지…
그 세부 취향이 있는데,

이런 것까지도 세밀하게 해 보고
나의 '감성'을 정성스럽게 찾아내야 한다.

대학 시절 영화 마니아인 선배와
영화 다섯 편을 논스톱으로 본 적이 있다.
자신 있게 약속을 해놨으나 사실은 덜컥 겁이 났다.
아무리 영화를 좋아한다고 해도
영화 다섯 편을 볼 수 있는 집중력과 체력이 나에게 있을까,
하는 생각이 들었던 거다.
그런데 예상과 달리 12시간은 순식간에 흘러 버렸다.
하루는 정말 짧았고,
영화의 여운을 느끼며 배고픔도 느껴지지 않았다.
그날 나는 혼자 놀 수 있는 진짜 친구를 만났고,
지금도 내 감성 회복의 처방전은 '혼자 영화 보기'이다.

같이 영화를 봤던 선배는 나보다 증상(?)이 훨씬 심각하다.
그는 지금도 영화와 술을 양껏 만끽하고 나면
체력이 회복된다고 한다.
얼마 전에는 조조 영화를 보고 혼술하고,

또 영화 보고 2차 혼술, 세 번째 영화 보고 3차 혼술,
이러면서 하루를 알차게(?) 보냈다고 한다.
인증샷만 봐도 헉 소리가 나오는 그의 외로운 하루가,
전지적 누군가의 시점에서는
지지리 궁상으로 보일 수도 있는 그의 하루가,
당사자에게는 영혼을 회복시키는 하루가 되는 거다.

'맞춤형 갬성'이 있어서, 오늘도 살아갈 힘을 얻습니다

나를 위한 '맞춤형 갬성'을 스스로 찾아서,

내 속 어딘가에 항상 숨겨두어야 한다.

외롭고 다운된다는 생각이 들면,

그 '갬성'을 꺼내서 즐기는 거다.

'맞춤형 갬성'은 비상 상비약과 같다.

비상 상비약이 있으면 든든하니까.

미친 듯이 우울하고 외롭다는 생각이 드는 날에서도,

처방전이 있다고 생각하면

나를 괴롭히는 모든 것이 별것 아닌 것처럼 느껴질 테니까.

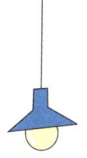

여자 사람 친구, 남자 사람 친구는…
공공의 적?!

나에겐 동성 친구만큼 이성 친구가 많다.
특히 한잔하고 싶을 때 쉽게 불러낼 수 있는 친구들은
이성 친구가 많았다.
우리는 서로를 '여자 사람, 남자 사람'이라고 부르며,
성별을 초월한 영원한 우정을 확신했다.

그런 내 믿음이 산산조각난 건,
결혼을 앞둔 '남자 사람 친구'의 부탁을 받고 나서다.
아니 이건 부탁이 아니라,
절교 선언을 일방적으로 통보받은 거였다.

"결혼하고 나면 앞으로 둘이서는 못 만날 거 같아…."
응? 지금 뭐라고 하는 거임?
우리가 몇 년 친구인데, 이제부턴 둘이서 못 만난다고?

나는 나의 귀를 의심했다.
그 친구의 요는 여자친구가 자신의 이성 친구를 예민해하는데,
그녀가 직접 요구한 적은 없지만,
결혼을 앞두고 자신만의 '남편 룰'을 정한 거라고 했다.
예비 신부에 대한 믿음을 보여주기 위한 선물이니 뭐니 하는
구구절절한 설명부터, 여러 명이 같이 만나도 재미있을 거니
우리 사이는 똑같을 거라고 했지만,
됐고! 다 됐고! 이건 분명 절교 선언이었다.
이런 상황에서 '야! 사랑이 먼저야, 친구가 먼저야'라며
결혼을 앞둔 친구에게 고춧가루를 뿌릴 수도 없었다.
밀려오는 서운함과 배신감을 주체할 수 없었지만
이게 현실이었고,
어떻든 그날 이후로 그 친구를 단둘이 만난 적은 없다.

그런데 그 친구의 결혼으로 내 일상에 큰 변화가 올 것이라는
두려움이 찾아왔다.
남자로 생각해 본 적도 없는 동네 친구가 저러는데.
앞으로 다른 친구들까지 저렇게 나오면 어떡하지?
'여자 사람, 남자 사람'의 개념은 실체가 없는 단어일 뿐인가?
남자와 여자는 결코 친구가 될 수 없다는 말은
변하지 않는 진실일까?
그래서 상대 연인들의 경계 대상이 될 수밖에 없는 존재일까?

이런 기분은 잊을만 하면 찾아왔다.
유부남 친구들과의 술자리에서 있었던 일이다.
분위기가 무르익을 무렵
그들은 집에 보낼 인증샷을 찍겠다고 했는데,
셔터를 누르려던 친구가 나는 사진에서 빠지라고 했다.
'순수하게 남자들만 모여 있는 사진을 전송해 줘야 하니,
너는 오늘 투명 인간 해라' 이러면서 말이다.
별수 없이 투명 인간 신세가 되면서도 나는,
쿨한 척 웃을 수밖에 없었다.

친구들이 하나둘 결혼을 했고,
나는 여전히 그 자리에 있을 뿐인데,
싱글이라는 이유로, 분명히 그 이유로,
가끔 '공공의 적'이 되어 버린 것 같은 기분을 느낀다.
나는 편하고 싶어서 혼자 있는 건데, 왜 불편해야 하고,
왜 생각지도 못한 데서 눈치를 봐야 하는지…
알지만 모르고 싶다.

좋아하지만 사랑하지 않는 우리 사이…
인정해 달라고요

공공의 적이 된 느낌 때문에

나는 이성 친구의 범위를 줄여가기 시작했고,

만남의 회수를 줄여가면서

그들과 적당한 거리를 유지하게 되었다.

친구였다가 이성의 감정을 느낄 수 있고, 느껴본 적도 있고,

사람 일이야 어떻게 될지 모르니

어느 정도 방어적으로 살아야 한다는 것도 알고 있지만,

이런 식으로 친구 관계가 강제 축소되는 게

유쾌하지 않긴 하다.

친구가 좋아서 친구를 만나는 것뿐인데,

혼자라는 이유로 친구를 만나는 데 제약을 받게 된다니

불공평하다는 생각도 든다.

그럴 때면 정말 이 말을 외치고 싶다.

그대의 연인이 누구에게나 매력적일 거라고

착각하지 마세요!!

가장 보통의 이별을 할 수 있어야
진짜 '혼자'

이렇게 떠날 거라면 왜 나를 사랑했나요

떠나간 사람을 원망하는 노래가 많은 걸 보면,
이별 자체보다는 이별의 '뒤끝' 때문에 생기는 후유증이
더 문제인 것 같다.
살면서 겪었던 몇 번의 만남과 이별을 되짚어보면,
역시 어려운 쪽은 '이별'이었다.
어떤 관계를 맺었다가 끊는다는 건 참 어려운 일이다.
적절하게 끊는 방법을 모르기 때문이다.
이별의 말을 대놓고 하기가 어색하고 민망해서
문자나 메일을 보내기도 하고, 제삼자를 통해 전달한다.

걸려오는 전화를 받지 않고,
답하지 않은 카톡을 보며 스트레스를 받고,
SNS 계정을 폐쇄할까, 아예 다시 만들까를 고민한다.
무턱대고 잠적해 버리고, 도저히 안 되겠다 싶을 때는
상대에게 다른 누군가가 생길 때까지
애매한 관계를 지속해 주기도 한다.

'개운하지 못한 이별'을 할 때마다,
다음 이별은 이런 식으로 하지 않겠다고 다짐한다.
하지만, 또 반복되는 상황을 맞이하고,
쥐구멍에 숨고 싶은 이별의 순간은 나를 괴롭힌다.
그렇다고 다가오는 누군가를 밀쳐낼 용기도 없다.
삶이란 '만남과 이별'의 무한 반복 속에서
그 연속성을 가지는 거라며,
그 삶에 순응한다는 명분으로, 또 '다음 사람'을 만난다.
그리고 또 이별하며 괴로워한다.

이별의 명확한 사유를 솔직하게 말하고,
안녕을 정식으로 고하는 것.

그래야 서로 간 감정 소모나 그로 인한 후유증도
줄일 수 있는 것.

'보통의 이별'을 하는 공식을 모르는 사람은 없다.
아무것도 아닌 것 같은 이걸 못하는 거다.
알면서 못하는 거다.
안 하는 게 아니라 못하는 거다.

어느 순간부터 '이별이 두려워서 혼자일 수밖에 없는 내'가
된 건 아닐까 하는 생각이 든다.
반려견을 키우고 싶지만, 죽음까지 봐야 하는
'이별이 두려워서' 못 키우는 심리처럼 말이다.
영원한 것은 없는데,
그 끝이 무서우면 시작할 수 있는 게 많지 않은데,
누군가를 만날 수 있는 순간에도,
세련된 이별을 할 자신이 없어서,
아예 시작도 하지 않는 사람이 되어 버린 것 같다.

'이별'마저도 따뜻하게 생각할 수 있는 내가 됐으면 좋겠다.
이별을 잘할 수 있는 사람이
'진짜 혼자, 온전한 혼자'가 될 수 있는 사람이다.
현명하게 이별할 수 있는 사람이야말로,
초라하지 않은 혼자가 될 준비가 되어 있는 사람이고,
또 언제든 누군가를 만날 수도 있는 사람이다.

좋았던 만남의 마지막 퍼즐 = 깔끔한 이별

미워도 다시 한번…
만나본들

'미련'의 이름으로 남는 사람이 있다.
당시에 남았던 안 좋은 기억은 시간이 지날수록 무뎌지고,
시간을 다시 돌린다면 그를 이해할 수 있었을 것도 같다.
그때 내 운명의 사람을 놓친 것은 아니었나 하는 생각까지 든다.
그래서 미워도 다시 한번 만나보고 싶은 사람이 있다.

오랜만에 만난 그의 모습은 (내가 삭은 거에 비하면) 아주 준수했다.
실핏줄이 훤히 보이는 창백한 피부,
록 가수 스피릿 충만한 분위기까지,
'제 점수는요'를 굳이 외쳐야 한다면…
(변함없이) 합. 격. 드리겠습니다!

SNS를 통해 연락이 닿은 대학 시절 썸남을 만났다.
15년 만의 만남이었다… 15년 전 그는,
'난 더는 골방의 DJ가 아니야'라고 쓴 이메일과 함께
사라져 버렸는데, 나는 그 메일의 의미를 물어볼 참이었다.

그는 아주 편안해 보였다.
자신의 15년을 잘 준비해둔 접대 멘트처럼 쏟아냈고,
그 기간은 마치 '내가 없어야만 성립되었을 법'할 정도로
별일 없이 무난했다. 그는 석·박사를 마치고
대기업에 입사했고, 몇 번의 연애도 해봤지만,
결혼은 역시 내 팔자가 아니라는 결론을 냈고,
이젠 '비혼족'이라는 이름으로 포장되는 자신의 삶이
즐겁다고 했다. 요새는 여행에 빠져서,
얼마 전 구입한 스포츠카를 타고 전국 일주 중이라는데…
내가 궁금한 건 그의 안부가 아니었다.
난 15년 전 내가 갑자기 패싱된 이유를 알고 싶을 뿐이었다.
변변한 스킨십 한번 없던 사이였기에
연인 간의 의무감을 강요하면 안 된다고 생각했지만,
그래도 그가 '증발'해 버렸을 때,
난 분노했고 패닉에 빠졌었단 말이다.

하지만 한참 대화를 이어가면서, 자연스럽게 해답은 찾아졌다.

허탈할 만큼 뻔한 해답이었다.

그는 나에게 연애의 감정이 없었다고 했다.

'우린 어차피 혼자가 편한 사람들이었고,

너는 시작한 일을 열심히 하면 되고,

나는 해야 할 공부가 산적해 있어서,

그냥 단순하게 사라졌던 것'이라고 했다.

그는 당시 내가 느낀 '실연의 감정'을 전혀 이해하지 못했고,

그래서 이렇다 할 부채 의식도 없는 듯 보였다.

막상 그런 말을 듣고 나니, 심장이 아팠다.

사실 '미워도 다시 한번' 만나보기 전에는 많은 생각을 했다.

그를 만나서 '내 비혼에 대한 소신'이 흔들리면 어떻게 하나,

하는 걱정까지 했는데, 괜한 생각이었다.

우린 혼자가 지극히 자연스러운 사람들이었으므로,

시간을 되돌려 내가 진지하게 고백을 했더라도,

보기 좋게 거절당했을 거다.

그리고 미워도 다시 한번 만나본 15년 후,

흘러간 과거는 돌아올 수 없고, 혼자를 좋아하고 즐기는

우리의 성향도 바뀔 수 없는 영역임을 확인했을 뿐이다.

너 혹시 〈결혼하지 않아도 괜찮을까〉라는 영화 봤어?

어 봤어… 왜?

봤구나… 왠지 너는 봤을 것 같아서

싱겁기는 ㅋㅋㅋ

만나고 며칠 후 그와 이런 톡을 주고받았다.

미워도 다시 한번 만나는 건… 아무 의미 없었던 거다.

저장된 추억을 굳이 꺼내서 확인 사살할 필요는 없어

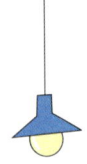

럽스타그램이
흑역사가 안 될 자신 있어?

사랑의 열정이 넘친 나머지,
정말 '요란하다'라는 말을 듣는 친구 커플이 있었다.
그들만의 비밀은 언제나 SNS에 공유됐고,
'좋아요'의 수가 늘어나는 것에 비례해
그들만의 이벤트도 늘어났다.
오늘의 연애 기상도가 흐림인지, 맑음인지는
모든 사람이 알 수 있었다.
그 커플은 분리된 자아로 보이지 않았다.
그가 그녀였고, 그녀가 곧 그의 모습이었다.

그러던 그 커플이 깨졌다.

깨진 후 그들은 상처 수습만으로는 아주, 많이 부족해 보였다.

이혼 조정 기간을 갖는 부부보다 정리할 게 많아 보였다.

그들에게 남겨진 숙제는 단순히 커플링을 빼고,

주고받은 선물을 버리는 차원의 것이 아니었다.

일단 SNS를 잠정 폐쇄했다. 메일 주소와 비밀번호를 바꾸고,

공유했던 통장을 정리하고, 커플템을 정리했다.

같이 키우던 애완견은 어떻게 해야 할지

끝까지 결정하지 못했다.

공유했던 인간관계는 절반씩 양보해야 했다.

연애 중 소원해졌던 친구들과의 관계 회복 가능성은

요단강을 건넌 지 오래였다.

너무 요란하게, 너무 열정적인 사랑으로

내 모습을 찾아볼 수 없을 만큼 나를 함몰시켜 버리는 건

위험한 행동이라는 생각이 든다.

1+1=2가 아니라 무한 확장이라고 말하는

그들의 지나친 열정은 뭔가 부담스럽다.

어쨌든 시끄러운 사랑은 시끄러운 후유증을 남긴다.

이런 사랑을 보면, 적절한 거리를 유지하는 커플이
훨씬 안정되어 보인다.
그들은 지나친 공유를 부담스러워하고,
나의 사생활도 사랑만큼 소중하다고 말한다.
그래서 서로의 친구 모임에 가지 않고,
혼자 있고 싶은 날을 존중해 준다.

사랑의 시작이 창대하기만 하면, 그 끝은 미약할 수밖에…

둘이서만 오가는 암호 같은 애칭이 있지만,
그건 말 그대로 둘만 아는 비밀이다.
보이는 데서 유난스럽지 않을 뿐,
덜 사랑해서 그러는 게 아닌 거다.

언젠가 올지 모를 이별에 대비해 덜 사랑하자는 건 아니지만,
너무 과한 결합은 '나의 자존감'에 이반된다는 느낌이다.
사랑이라는 건 물리적 개념보다는 화학적 개념에 가까워서,
지나친 결합은 나의 본모습을 잃어버리게 하고,
훗날 자신의 원래 모습을 회복하고 싶어도,
불가능할 수 있다.

순수한 열정을 존중하지만,
그런 사랑은 일생에 한 번 정도면 족한 것 같다.
그 위험한 열정이 반복되면,
그때마다 나의 사랑은 흑역사로 남을 뿐이고,
정작 '나란 사람의 역사'는 온데간데없어질지도 모를 일이다.

100 퍼센트의 사람을
만날 수 없다면

무라카미 하루키의
「4월의 어느 맑은 아침에 100 퍼센트 여자를 만나는 것에
대하여」라는 긴 제목의 단편소설을 읽을 때마다,
100 퍼센트의 완벽한 사람은 누구에게나 존재하고
언젠가는 내 앞에도 나타날 거라고 생각했다.
하지만 100 퍼센트의 사람은 언제 어떤 모습으로
나타날지도 모르고, 나타나더라도 못 알아보고 지나치는
불상사가 있을 거라고 생각하면, 조바심이 생기곤 했다.

"당신에게 완벽한 100 퍼센트의 사람은 누구입니까?"라는
질문을 받으면, 대답하는 일반적인 유형이 있다.

차은우의 외모! 박서준의 몸매! 강다니엘의 귀여움!
딱 요정도만 갖춘 '완벽한 남자'면 바랄 게 없겠네….
이 융합된 이상형은 비현실적이지만,
어릴 때는 현실이 못 될 것도 없다고 생각한다.
하지만 해가 바뀌어도 100 퍼센트의 사람은 나타나지 않고,
실망에 실망을 거듭하면서,
90, 80, 70…
점점 싱크로율을 낮춰 간다.
이 와중에도 절대 포기할 수 없는 것들이 있어서,
수치를 낮추는 데도 한계가 있고,
그럴수록 사랑이라는 건 저 멀리 달아나 버리는 느낌이다.
결국, '이상형 따위는 개나 줘 버려'라며
사랑에 대해 비관론자가 되어 버리는 파국을 맞고,
적절한 합의점을 찾아 결혼하는 친구들에게
'먼저 가! 난 이미 틀렸어!!'라고 되뇔 뿐이다.

여기까진, '사랑이 힘든 혼자들'의 흔한 이야기다.

낯선 존재에게 100 퍼센트 완벽한 사랑의 스멜이 느껴진다.

그러던 어느 날, '신인류의 사랑'이 나타났다.
'인간을 닮은 로봇'이라 불리는 그들은
지적 능력에 인간의 감성까지 겸비했고,
100 퍼센트 완벽한 사람으로서
'대리 애인'의 노릇을 톡톡히 해낸다.
사랑의 목적이 더는 좋은 사람을 만나 결혼하고,
아이를 낳고, 백년해로하는 게 아니라는 공감대 안에서,
사랑을 '힘든 것'으로 단념해 버린 사람들은
이 낯선 존재와의 만남을 거부하고 싶지 않다.
어쩌면 '신인류'를 만나는 방식으로
100 퍼센트의 사람을 만날 기회를 얻을 것도 같다.

각종 매체 속에서 이런 판타지는 더욱 극대화된다.
영화 〈그녀〉의 주인공에게 '내 귀의 캔디'가 되어주는
고막 여친 사만다는 '인공 지능 운영 체제'다.
통화만으로도 미음이 통하고,
육체적 관계없이도 사랑의 감정에 충만할 수 있다.
사랑에 빠진 주인공은 사만다에게 자신 말고도
수많은 애인이 있다는 사실에서는
똑같은 실연의 아픔으로 힘들어 한다.

영화 〈조〉에는 육체적인 사랑까지 가능한
'인공 지능 로봇'이 등장한다.
조는 자신이 로봇이라는 사실을 모른 채,
자신을 만든 콜이라는 '인간'에게 사랑을 고백한다.
콜은 자신이 만든 로봇에게 예상치 못한 고백을 받고
당황하지만, 완벽한 사랑에 빠진다.
사람보다 더 사람 같은 이 '신인류'의 등장은
이제 '불쾌한 골짜기'의 공포심을 넘어선 지 오래다.
영화 속 '인간' 주인공들은 오히려 진짜 사랑에 홀릭한다.

이런 사랑을 현실에서 느껴보기엔 아직 시기상조같지만,
'100 퍼센트 사람'의 범위가 무한 확장되고 있음을
부정할 수 없는 것 같다.
그리고 여전히 '완벽한 사랑을 기다리는 혼자들'은
이 신인류가 새로운 미래가 되어줄 수 있다는 기대감에
설렐지도 모르겠다.

당신은 실수하기 위해
태어난 사람이 아니야

한 번만 더 같은 실수하면, 그땐 가만 안 둔다!
선배의 이 서늘한 말에 등골 시렸던 게 몇 번이던가!
선배가 좋아하는 글꼴로 문서 정리를 하지 않아,
'한 번만 더'라는 말을 들었을 때도
월요일 아침은 무조건 한 시간 일찍 출근하라며,
'한 번만 더'라는 말을 들었을 때도
술 미시고 자행했던 '한 시간 지각 사건'에,
'한 번만 더'라는 말을 들었을 때도

사회생활에서 실수 용납의 범위는
축소될 수밖에 없는 것이므로,

같은 실수를 하지 않기 위해 실수 리스트를 만들었고,

업무는 긴장의 연속이었다.

하지만 살얼음판 걷듯 일해도

실수를 완벽하게 피해갈 순 없었고,

그때마다 듣는 '한 번만 더'는 매서운 칼날같이 나를 파고들었다.

반복되는 지적에 화가 치밀어 오를 때면

'한 번만 더 실수하면 어쩔 건데?' 하는 반항심마저 들었다.

그런데도 실수를 지적하며 나를 긴장시켰던 그들이 옳았다.

사회에서는 '실수가 반복되면, 실력'이라고 말하기 때문이다.

사람들은 옆 사람의 실수가 내게 민폐되는 상황에 인내심이 없다.

이해관계로 만난 사람끼리 배려해 주는 데도 한계가 있다.

명백하게 누군가가 손해를 입는 상황에서

'반복되는 실수'는 용납되기 어렵다.

상습적으로 5분 늦는 사람은

매번 5분 늦어도 된다고 생각해서 계속 실수하고,

계산이 항상 틀리는 사람은

다시 해도 된다는 생각에 같은 실수를 반복한다.

그것 때문에 업무가 늦어지고,
주변에서 차가운 시선이 쏟아지는 걸 알지만
그마저도 지적하는 사람이 없으면 눈치 따윈 보지 않는다.
무서운 게 없으니 민폐를 끼쳐도 당당하고,
'실수 루틴'의 악순환을 반복하는 거다.

실수를 반복하는 사람이 싫다.
민폐가 된다는 걸 알면서도 긴장을 안 하는 사람이 싫다.

똑같은 실수 반복은 '실력'으로 여겨지는 세상

내가 얼마나 만만하면, 이런 실수를 반복하고
저렇게 웃을 수 있나 하는 생각마저 든다.
내가 무시당한다는 생각, 그것 때문에 더 화가 나는 것 같다.
누군가의 실수 때문에 곤혹스러운 상황을 여러 번 겪으면서,
나를 지적했던 사람들의 마음을 알게 됐다.
같은 실수를 반복하며 나에게 해를 입히는 사람은,
나를 무시하는 사람이다.
그래서 그 사람이 싫은 거다.

'반복하는 실수'는 '안 해도 됐을 실수'와 동의어다.
긴장하고 집중했음에도 하는 실수는 위로받아야 하지만,
느슨한 마음에 반복하는 실수는 비난받아야 마땅하다.
사회에서 만난 사람들은
애정 어린 꾸중을 했던 부모님과 선생님이 아니다.
나의 실수가 누군가에게 '분노의 지점'일 수도 있다.
'한 번만 더' 실수하면 정말 가만 안 둘 사람들이
매의 눈으로 쳐다보는 세상이다.

갖고 싶으면 버려야 하고,
버려야 가질 수 있어

커트 머리는 하고 싶은데 긴 머리카락을 자를 용기가
나지 않아 망설인 적이 있다.
짧은 머리가 어울리지 않으면,
머리를 기르는 데 몇 년이 걸린다는 생각에 자를 수 없었다.
이러지도 저러지도 못했던 나의 결론은 '가발 구입'이었다.
하지만 가발은 좋은 생각이 아니었다.
긴 머리를 구겨 넣고 다니기엔 일상생활이 불편했다.
어떤 스타일링을 해도 어색했고, 두피에는 땀이 찼으며,
머리카락도 많이 빠졌다.
몇 주간의 시행착오를 겪은 후에 결국 머리카락을 잘랐고,
버리지 않아도 될 돈과 시간을 버리고 나서야 깨달았다.

애당초 내가 원했던 커트 머리는

긴 머리에 대한 미련을 버려야만 가질 수 있었다는 걸 말이다.

항상 실패하는 장롱 정리와 화장대 정리처럼,

버리지 못하는 습관은 도무지 고칠 수가 없다.

버리고 나서 후회할까 봐, 텅 빈 공간이 허전할까 봐,

버리는 그 순간 마음이 약해진다.

가득 찬 접시를 완전히 빈 접시로 소화해 버린다거나,

갖고 있던 주식을 완전히 다 팔아 버린다거나,

어쨌거나 무언가를 다 털어버리는 일은 너무 어렵다.

지금이라도 버려야 손절되는 경우도 있는데,

그 판단조차도 되지 않는다.

필요하다는 시선으로 보면 필요하지 않은 것이 없고,

필요 없다는 시선으로 보면 필요한 것이 없다.

어쨌든 확실한 건 새로운 걸 갖고 싶다면,

갖고 있던 걸 버려야 한다는 거다.

언젠가 필요할 수도 있지만, 영원히 필요 없을 수도 있지

사람도, 물건도, 마음도 적당히 '보험'이라는 명분으로
붙들고 있으면, 결국 아무것도 갖지 못한다.
지금 당장 후회할지도, 외로울지도, 허전할지도 모른다는
걱정 때문에 가질 수 있었던, 가질 뻔한 기회도
포화 상태의 공간 때문에 놓쳤는지 모른다.
빈자리를 만들어 무엇인가가 들어올 수 있는
여지를 만들기 위해 필요한 이유보다 불필요한 이유를
먼저 떠올려야 한다. 무소유를 위한 게 아니라,
소유를 위해 버려야 한다고 스스로를 설득시켜야 한다.
아… 정말 고통스럽지만 눈 딱 감고 버려야 한다.

셀·프·러·브·v

'척' 하고
살지 않아

('척' 하지 않기 위한 필사의 노력)
좋아, 자연스러웠어!!!

나답지 않게
심한 말이 튀어나오는 이유

후배에게 심한 말을 내뱉은 적이 있다.

간단한 일일 거라 생각되어 주말임에도 문서 수정 업무를

대신해 주겠다고 했는데, 초안이 엉망인 문서여서

수정하는 데 생각보다 오랜 시간이 걸렸다.

수정하면 할수록 대충했음이 빤히 보이는 문서였고,

그 성의 없음이 더 괘씸했다.

2시간이면 충분했을 작업은 결국 10시간이나 걸렸고,

덕분에 내 주말은 엉망이 되어 버렸다.

예매한 영화를 취소했고, 친구들과의 모임에도 못 나갔다.

그 후배는 편한 주말을 보냈을 거라는 생각에

더 깊은 빡침이 일었다.

그래도 '나다움'을 지키자는 생각으로,

심하게 화낼 생각까진 없었다.

화도 이왕이면 우아하게 내는 게 선배의 미덕이라고

생각했으니까, 우아하자… 했다.

그래서 처음엔 "무슨 문서를 그렇게 성의 없이 작성했냐"며

점잖게, 그리고 짧게 말했다.

나의 말은 촌철살인일 줄 알았고,

열 마디의 죄송함이 돌아올 줄 알았다.

근데 예상외로 후배는 '죄송해요' 한마디로 끝이었다.

'얘가 말을 못 알아듣나?' 나는 다시 한번 우아하게 충고했다.

"다음부터는 정성 좀 들여. 성의 없는 문서는 딱 보면 알아"

하고 말이다.

근데 그 후배는 같은 말을 되풀이했다.

또 '네, 알겠습니다', 이걸로 끝이었다.

야, 내가 너 때문에 주말에 그 개고생을 했는데,

이렇게 한마디로 끝날 일이야?

허망, 허탈, 허무… 오지는 이 기분이란….

아. 정말. 나는. 나답지 않게. 폭발해 버렸다.

평소에 쓰지도 않는 막말을 뒤섞어 무차별 난사했다.

후배는 '난데없는 막말 폭격에' 많이 놀란 듯 보였다.
하지만 기죽지도 않았고, 대들지도 않았다.
흥분은 나 혼자 하고 있었다.
OMG… '이렇게 열폭할 거면 처음부터 화를 낼 걸…
나 지금 뭐 하고 있는 거니?'

주의 사항: 폭발 전, 분노의 이유를 명확하게 체크할 것

후배는 '왜 저래' 하는 표정으로 나를 정면 응시했고,
마음에 드는 후배와 일하라며 그만뒀다.
나는 그날 우아하기는커녕 최악이었다.

나도 모르게, 나답지 않게 심한 말이 튀어나올 때가 있다.
그러고는 후회한다.

상대방이 나한테 이런 말을 들을 만큼 심한 잘못을 한 거 맞나?
무슨 생각으로 후배에게 이렇게 모진 말을 내뱉었을까?

이제 와 생각해 보면 내 잘못이 더 컸던 것 같다.
원인 제공은 후배가 했지만, 내가 어른스럽지 못했다.
화를 내려면 솔직하게 냈어야 했다.
내가 진짜 화가 난 건 내 주말이 그 작업 때문에 다 망가졌고,
사실은 나도 손해 보는 걸 너만큼이나 죽도록
싫어하는 인간이라서, 눈곱도 떼지 않고,
열 시간이나 책상 앞에 앉아있으려니 빡이 친 거고,
그 시간에 편하게 있었을 너를 생각하니
울화가 치밀었다는 게 지금 분노의 핵심이라고.

그리고 이 모든 걸 네가 알아줘야 하고,
나는 제대로 사과를 받아야겠다고, 말이다.
하지만, 나는 이런 설명을 생략한 채,
우아하게 화를 내고, 사과는 제대로 받으려고 했다.
그리고 만족할 만한 사과가 돌아오지 않자 막말을 퍼부었다.
그 후배를 예의 없는 사람으로 만들어 버린 건
나의 솔직하지 못함이었는데, 우아하게 화낼 방법을 찾다가,
소중한 사람을 잃어버린 거다.

내가 나답지 않게 심한 말이 튀어나올 때는
솔직하지 못한 순간이다.
솔직하지 못해서 상대를 이해시킬 수 없고,
돌이킬 수 없는 말을 뱉어 버린다.

사람들은 너무 솔직한 건 교양 없는 것이고
심지어 없어 보인다며,
그걸 쉴드 치기 위해 꾸미고 가리고 웃는다.
그래서 오늘도 내 속은 누군가에게 폭발할지 모를
지뢰밭이다. 아, 그러면 안 되는데 말이다.

나의 복화술에 응답해 줄 사람은
아무도 없어

말을 잘 뱉는 사람이 있고, 잘 삼키는 사람이 있다.
삼키는 쪽보다는 웬만하면 잘 뱉는 사람이 되고 싶지만,
그게 '말처럼' 쉬운 게 아니다.

원하는 말을 적재적소에 뱉기가 어려운 건 표현 스킬이나
자신감 부족보다는, 상대 반응을 우선시하는 습성에서
비롯되는 경우가 많은 것 같다.
사람들은 내 생각이 목구멍을 타고 '의견'이라는 이름으로
배출되는 순간 많은 계산을 한다.

저 사람이 나랑 다른 생각이면 어떡하지?

이 말을 하면, 저 사람이 나를 어떻게 생각할까?
싸우고 싶은데, 싸우고 나서 어떻게 화해하지?

실체가 없는 경우의 수를 세다 보면 어느새,
하고 싶은 말을 정확히 못 하고 중얼거리는 자신을 발견한다.

나도 회의 때 이런 성향을 유감없이(?) 발휘하는 편이다.
누구의 아이디어가 싫을 때,
'싫어요, 별로예요'라고 말하는 대신
'좋긴 한데… 좀 생각해 보죠'라며 미적지근하고,
누구의 아이디어가 좋을 때도,
'너무 좋아요' 하며 솔직하지 못하고,
'좋긴 한데… 좀 생각해 보죠' 또 이런다.
한 번에 내 의견을 말하지 못하고 삼켜버리는 건
오래된 고질병이다.

내 딴에는 상대의 심기부터 생각하며
'과한 목 넘김'을 해 온 건데,
기대와 달리 '배려 넘치는 사람'이란 소리를 들은 적은 거의 없다.
그저 '고구마 같은 여자'라는 말을 듣게 됐을 뿐이다.

말하지 않아도 알아요??

이건 초코파이 줄 때나 하는 말이었다.

말하지 않으면 알 수가 없다. 말을 해야 알지!!

서로가 익숙해지면 말하지 않아도 통할 거라 생각했는데,
완전한 오판이었다.
나는 복화술을 부릴 수 있는 신비한 능력을 지니지 않았고,
복화술을 기대했던 나의 웅얼거림은
문장으로 완성되어 뱉어지지 않는 한,
'가나다라마바사'로 흩어질 뿐이다.

인싸 되려다
아싸 된다

시대는 바야흐로 '인싸 전쟁'이다. 나이와는 관계없이
모두가 '인싸'의 영역 안에 들어가기 위해 스스로를 다그친다.

이 말을 알아야 인싸, 이 물건을 가져야 인싸,
이 드라마를 봐야 인싸,
이 노래를 알아야 인싸, 이런 공부를 해야 인싸,
이런 인사를 해야 인싸,
이런 생활을 하는 게 피곤하단 생각이 들면서도,
인싸들이 가는 맛집을 탐색하고 있음을 자각하며
피식 웃음이 나온다.

'인싸의 세계'를 다 알 수는 없는 건데,

모른다는 말을 하기 싫어 아는 척을 하다가,

낭패를 볼 때도 있다.

얼마 전엔 후배들이 미드 〈기묘한 이야기〉를 말하고 있는데,

흘러간 일드 〈기묘한 이야기〉를 말하는 줄 알고 말을 섞다가

갑분싸를 투척했고, 그날 밤 심각하게 이불킥을 하며,

넷플릭스 〈기묘한 이야기〉를 정주행한

'기묘한 이야기'도 있었다.

이렇게 '인싸'가 되기 위한 노력은 눈물겹고 복잡하다.

그 범위와 방법은 규정하기도 어렵고 방대하기 때문이다.

듣도 보도 못한 신조어가 대화 중 나오면

그냥 아는 척하며 웃고 있을 수밖에 없다.

유행하는 노래가 나오면,

몰라도 흥얼거리는 척이라도 해야 한다.

그래서 '인싸 실력'도 공부하면 좋아질 거라 생각했지만,

너무 어렵다.

오죽하면 수능 공부가 그리울 때가 있는지 말이다.

'갑분싸'를 겨우 외웠는데,

다음날 '갑분숙'이 생기고,

그 다음날은 '갑분띠'가 생기는 세상이니….

시험은 내일모레인데, 시험 범위는 계속 넓어지는 기분,

이것 참 막막한 느낌이다.

아싸 될까 봐, 인싸 공부한다고?
아이고… 의미 없다

결국, 자연스럽게 포기라는 걸 하게 됐다.
'이걸 모르면 인싸인가? 아싸인가?'부터 생각하는
습관을 버리고, 모르는 거는 편하게
'그게 뭔데?'라고 물어본다.
어떤 라이프 스타일이 나에게 맞을까,
어떤 신조어가 나에게 꽂힐지는 공부로 주입될 수 없다.
올해의 '인싸템'을 알기 위해 책을 탐독하는 건
실속 없고 공허한 액션일 뿐이다.

내 몸에 맞는 '템'이 중요하지,
모든 걸 다 내 것으로 만들 수는 없는 거다.
괜히 인싸 되려고 발버둥 치다가
아싸 되기 십상인 세상이다.

영혼 없는 공감 요정은
거부하겠습니다

친구들과 수다를 떨고 나서,
영혼까지 탈탈 털릴 만큼 진이 빠질 때가 있다.
내가 뱉은 말의 양이 너무 많아서, 이 말까지 왜 했을까 싶은
오버 페이스로 지치는 경우를 말하는 게 아니다.
진짜로 진이 빠졌다 싶은 날은
전혀 관심 없는 주제로 오랜 대화를 나눈다든지,
상대의 이야기를 일방통행으로 들어줘야 한다든지,
나의 의견은 다른데, 너무 심한 동의를 강요당한 경우다.
그래도 친구의 말은 들어줘야 한다.
'친하니까, 우리끼리니까'
사적인 이야기를 털어놓을 수 있는 거고

그 마음을 알기 때문에,
공감되지 않는 이야기에도 일단 동의부터 해 줘야 한다.
그래서 기계적으로 반복한다.
네가 맞아. 네가 옳아.

그렇게 하얀 거짓말로 자신을 하얗게 불태우는 날이면,
스스로에게 묻는다.
나는 왜 말을 못 했을까?
사실… 내 생각은 너와 달랐다고….

친한 친구가 여름휴가를 시부모님과 같이 갈 상황이라며
남편에 대한 불만을 토로한 적이 있었다.
나는 '아이고, 아이고, 저런~ 저런~' 하며
습관성 의태어를 반복했고,
그녀의 실감 나는 스토리 전개로 인해
성실하게 감정 이입이 되었다.
친구의 편을 들 것인가 VS 친구 남편의 편을 들 것인가
이 갈림길에서 당연히, 나는 친구 편이었다.
니 신랑이 잘못했네~ 미친 거 아니냐? 그까짓 거 가지 마!!

난 친구의 원하는 바가 남편을 같이 욕해 주는 것으로 생각했고,
그 미션을 성실히 수행했다. 그런데 친구가 갑자기 정색했다.
(약간의 침묵 모드 후) "친구야… 네가 결혼을 안 해서 모르는구나.
그렇게 쉬운 문제가 아니란다."
그 순간 나는 쓸데없이 오지랖만 넓어서,
남의 남편 욕한 사람이 되어 버렸단 생각에 민망했다.
그녀에겐 자신의 하소연을
정성스럽게 들어줄 상대가 필요했을 뿐,
나의 판단이나 조언 따윈 필요 없었던 거다.

배우 조보아가 〈백종원의 골목식당〉에서 얻었던 별명은
'공감 요정'이었다.
'공감 요정'은 고민을 집중해서 들어주고
위로해 주는 사람을 말하고,
누군가 나의 말에 공감해 주면 정말 사랑스럽고 고맙다.
내가 되고 싶었던 건, 이런 '요정'의 모습이었던 것 같다.
친구들에게 내가 그런 존재라면 더할 나위 없이 좋은 일이고,
그래서 친할수록 묻지도 따지지도 않고
공감해 줘야 할 의무감이 생겼던 거다.

나는 네가 아닌데, 어떻게 매번 같은 생각이겠니

친구가 좋아하니까. 친구가 고마워하니까.
근데 영혼 없는 공감들이 누적되면서,
영혼까지 탈탈 털리는 느낌에
솔직히 좀 지친다.

공감이라는 건, 너와 나의 관계를 맺어주는 '전류' 같은 거고
찌릿찌릿한 그 느낌 속에
사랑도 우정도 잘 흘러갈 수 있는 거라고 생각했다.

이 사실에는 변함없지만,
이제부터는 내 모습을 좀 바꿔 보기로 했다.
지쳐 버린 자신에게도 '공감'이 되기 때문이다.
동의하는 척, 공감하는 척, 이해하는 척,
친구들에게 '공감 요정'을 자처했던 그 모습에서
조금 멀어지려고 한다.

네 생각이 잘못된 거 같아.
네가 왜 그러는지 이해할 수 없어.
나라면 그러지 않을 것 같아.

친구들아, 내가 이렇게 '비공감 깜박이'를 켜더라도
놀라지 말길…
머지않아 이런 내 모습 또한 일상이 될 것이니
부디 서운해하지 말길….

남의 칭찬을 믿지 않으면
인생이 팍팍해진다

칭찬하느라 입 마를 새 없는
'칭찬 알파고'들의 DNA는 남다른 것 같다.

너무 맛있어요! 너무 예뻐요! 너무 멋있어요!
정말 판타스틱이에요!!

그들의 머릿속에는 매뉴얼이 장착되어 있는 것처럼,
'참으로 시의적절하게' 칭찬의 말이 튀어나온다.
그런데, 칭찬의 말이
누구에게나 기분 좋게 받아들여지는 건 아니다.
칭찬은 고래도 춤추게 한다고 했던 시절은 이미 까마득하다.

과한 칭찬을 들으면, 일단 거부감이 들고 손사래를 치며,
그들의 '진짜 의도'가 뭔지를 따져보게 된다.

오늘 화장이 잘 먹은 것 같네요!
(어제 술 먹은 거 티 난다고 까대기하는 건가?)
살 빠진 거 같은데요? (뭐 부탁할 거 있나?)
오랜만에 보니 여유 있어 보이시네요! (살쪘다는 거 아니야?)
(너무 오버하네, 다 계산된 말이야, 누구한테 잘 보이려고 저런 말을 하는 거지?)

순수한 칭찬일지도 모를 말들은
귓속에 들어가기 전에 무슨 필터가 있는지,
이상하게 꼬여서 이런 식으로 변형되어 들리곤 한다.
그 사람의 워딩 자체에는 문제가 없다.
듣는 사람이 칭찬의 말을 어떻게 받아들이냐의 문제인데,
이를테면 "배우 손예진 닮은 것 같아요"라는 말이
외모에 대한 최상급 칭찬이라는 걸 알지만,
이 말을 들은 사람들의 반응은 천차만별이다.

"지금 시비 거는 거야?"라고 화를 내는 사람,

"정말? 어디가 닮았어?"라고 디테일을 캐는 사람,
"빙고! 그런 소리는 좀 크게 말해"라며
낙천적으로 받아들이는 사람도 있다.

내가 어떤 사람일까를 생각해 보면, 첫 번째 유형인 것 같다.
대부분의 칭찬의 말은 불편하게 들렸고,
그럴 때면 꼬인 마음으로 그 말을 밀어내고 불신했다.
이 중 기분 좋게 받아들일 말도 많았을 텐데,
그런 심적 여유를 갖는 데 익숙하지 못한 탓이다.
뼈 때리게 아픈 말은 무작정 믿게 된다. 앙금도 오래 남는다.
유독 칭찬을 받아들이는 데에만 인색해서,
칭찬이 아니라고, 칭찬일 리 없다고 배척해 온 건
내 자신이었던 거다.

나에 대한 칭찬인데, 블로킹부터 하고 들어가는 인생은
너무 팍팍한 것 같다.
과하다고 생각하는 칭찬의 말에도,
설령 빤히 보이는 립 서비스일지라도,
'액면 그대로' '알고도 속아 주는' 여유가 필요한 것 같다.

상대방의 립 서비스에 고마워할 줄도 알기

나이 들면 뼈도 약해진다는데,
뼈 때리게 아픈 말 따위는 반사하고,
이젠 칭찬으로 춤이라도 춰 보고 싶다.

명품을 버리니
마음이 가벼워지네

명품이란 녀석은 평생 '가질 수 없는 너'로 여겨졌다.
뭔가 '가진 척, 있는 척'할 수 있는 최고의 무기라 생각했고,
갖고 싶다고 여러 개를 가질 수도 없으니,
현실보다는 꿈에 가까운 것이었다.
대학 시절엔 이태원과 남대문 수입 상가를 다니며
수많은 짝퉁을 구입했고, 그러면서 다짐했다.

언젠가 취업하면 이 짝퉁 콜렉션을
진퉁으로 교체해 놓고야 말겠다고
패션지에 나오는 그녀들처럼 멋진 스타일을 갖겠다고

그런데 취업을 한다고 살림살이는 쉽게 나아지는 게 아니었고,
일 년에 많아야 한두 개의 진퉁을,
그것도 심하게 무리해서 장만할 수 있었다.
덕분에 카드비로 숨을 헐떡여야 하는 날들이 이어졌다.

돌려막기로 기진맥진한 어느 날이었다.
지갑을 보니 정말로 천 원 한 장이 없었다.
5천 원짜리 문화상품권으로 3천 원짜리 주간지를 사고 남은
거스름돈 2천 원을 차비로 집에 왔다.
그날 내 손에는 12개월 할부로 산 명품 가방이 들려 있었다.

어머! 저건
36개월 할부로 사야지!!

오늘의 양식을 희생해 가며,
내일의 카드비를 메꾸는 인생이 맞는 건지 싶었다.
감당할 수 없는 카드비가 나를 피폐시키고 있는데,
심지어 이 정도 명품을 산다고
꿈꾸던 잡지 속 주인공처럼 보일 수도 없는 건데,
아무도 알아주지 않는, 오직 '자기 만족'이라는 명분으로
의미없는 악순환을 반복하고 있었을 뿐이다.
명품이 나를 빛나게 해 줄 것이란 믿음,
나름의 자부심이었던 신조는 점점 무너져 갔다.
이런 믿음과 신조는 '분에 넘치는 과시욕'
그 이상도 이하도 아니었다.

지긋지긋한 할부 생활을 끝내고, 새롭게 태어나기로 했다.
일단 중고 명품을 매입하는 곳에 가서,
차비도 안 빠질 만큼의 소량의 돈을 받고 처분했다.
한 번도 안 신은 구두를 1만 원에 팔라고 할 때,
1백만 원 넘게 주고 산 백을 2만 원에 넘기라고 할 때,
이걸 샀던 순간들이 떠올라 다시 한번 울컥했고,
몽땅 싸들고 나오고 싶었지만, 이런 작별 의식이라도 있어야

일말의 미련을 접을 수 있을 것 같아 그 돈을 받고 말았다.
그날부터 나는, 하이힐에서 내려와 운동화를 신었고,
프리미엄 진들과도 작별했다.
운동화를 신고 걷는 발걸음은 가벼웠고,
스포츠 브랜드 백팩은 모시고 다니지 않아도 돼 쾌적했다.
쇼핑을 못 하면서 느끼는 허전함을 홈쇼핑으로 채우면서,
카드비는 훨씬 줄었고, 결제일이 공포의 날로 느껴지지 않았다.
이제 나에게 카드비는 더 이상 '카드빚'이 아니다.

무엇이든… 감당할 수 있을 만큼만

그래도 가끔 눈길이 간다.

'인간 샤넬'로 불리는 블랙핑크 제니의 샤넬 아이템들을 보면,

'저게 다 내 거라면' 하는 상상을 한다.

내가 능력이 된다면, 감당할 수 있다면,

살아보고 싶었던 모습이다.

하지만 어쩔 수 없다.

내가 입을 뻔했던 샤넬을 제니가 대신 입어 주는 것으로

생각할 수밖에….

제니가 풍기는 멋진 샤넬의 향기를 맡고도

가격을 알아보지 않은 지 오래다.

스파 브랜드에서 비슷한 걸 사면 되기 때문이다.

뭐, 나쁘지 않은 것 같다.

어차피 아무도
알아주지 않는다

별 다방에 여러 명이 가면 가끔 이상한 상황을 겪는다.
선뜻 누구도 먼저 주문하지 않는다. 일단은 침묵의 시간이다.
그러다가 누구 한 명이 계산대로 가려고 일어나면,
"난 그린티 프라푸치노에 휘핑 듬뿍! 난 망고바나나 블렌디드!
난 화이트 초콜릿 모카 사이즈 업!"이라고
눈치 게임하듯 외친다.
이 풍경은 여러 명의 커피값 속에 '나도 묻어가려는' 상황이다.
'어 네가 사게?' 하며 일어나려다 앉으며
발 연기를 하는 사람도 있다.
거두절미하고 먼저 일어난 사람이 죄다.
일어난 사람은 그 순간 후회하지만

이미 카드비 몇만 원이 훅~! 긁혀 버린 뒤다.

얼어먹는 사람 입장에서는

'잘 먹었다'는 말도 안 나올 만큼의 적은 돈이지만,

한 명 한 명의 커피 값을 내준 '그 한 명'은 속이 쓰리다.

정말 티도 안 나는 돈을 썼기 때문이다.

'그 한 명이 나만 아니면 돼'라며

피해 가는 사람이 정해져 있듯이,

'그 한 명은 왜 나여야만 할까'를

하소연하는 사람도 정해져 있다.

약간의 오지랖과 약간의 조급함을 가진 사람이라면,

'그 한 명'이 되기에 부족함이 없다.

아무도 나서지 않는 그 '침묵의 찰나'를 견디지 못하고,

나도 모르게 먼저 손을 번쩍 들고, 먼저 카드를 낸다.

반면, '먼저 나서는 사람이 무조건 손해'라는 걸 아는 대다수는

절대로 먼저 입을 떼지 않고, 먼저 손들지 않는다.

'개인주의자'임을 당당하게 선언하는 이 시대에,

경계 대상 1호는

많은 사람 속에서 '조용히 묻어가려는 사람'인 것 같다.

내가 가만있어도

누군가는 카드를 낼 것이고,

누군가는 손을 들 것이기 때문에,

그래서 조용히 있는 이런 사람들에게는

정식으로 어필해야 한다.

똑같이 손해를 나누고, 똑같이 이득을 공유하자고.

당신들 때문에 누구 한 명은 큰 손해를 볼 수밖에 없다고.

어차피 아무도 알아주지 않는다.

나 혼자만 손해 볼 필요가 없다.

열 명 중 한 명이 커피 값을 내는 상황에서,

그게 꼭 나일 필요가 없고,

7명 중 한 명이 새벽 출근을 해야 하는데,

그게 꼭 나일 필요도 없다.

굳이 내가 '그 한 명'이 될 이유는 없다.

지금은
'욱'을 참아야 할 타이밍

일상생활에서 '욱'하는 순간은 수도 없이 찾아온다.
대표적인 순간이 운전할 때 찾아오는 '욱의 시험대'다.
신호 위반하며 교차로를 가로지르는 오토바이,
깜빡이 안 켜고 훅 들어오는 차량,
강압적 양보를 요구하며 바싹 붙이며 들이미는 버스까지….
이럴 때는 혼자 화를 삭이고 지나치곤 하는데,
열린 공간에서 맞닥뜨리는 '욱의 시험대'에서는 그게 어렵다.
먼저 주문했는데 옆 테이블보다 내 음식이 늦게 나올 때,
마트 계산대에서 앞사람이
현금, 쿠폰, 카드를 쪼개 내면서 시간을 끌 때,
극장에서 머리 큰 사람이 자막을 씹어 먹을 때….

나중에 보면, 기억도 안 날 만큼 아무것도 아닌 일인데,
왜 그 순간엔 참을 수가 없을까?

내가 오랫동안 담당했던 토론 프로그램은
'욱의 난장판'이 무엇인지 매주 깨닫게 해 주었다.
흥분한 패널들의 입에서 생각하지 못한 막말이 나오고,
그 상황을 수습하지 못해서
뒤 토론까지 망쳐 버리는 일이 허다했다.
그나마 이런 일들을 목격하면서 '욱을 어떻게 수습할지'
요령을 터득한 게 수확이라면 수확이었다.
일단 고성이 오갈 때는 녹화를 중단하고,
맞붙었던 패널을 격리해 놓는 게 최고의 방법이다.
그 사이 십중팔구 흥분은 가라앉고,
'우리가 생각이 달라서 그렇지, 인간적으로는 문제없잖아'라며
서로를 다독인다.
그들은 녹화 후에는 편집을 걱정한다.
'나 욱하는 거 너무 티 났나? 알아서 뺄 건 좀 빼 줘요'라고.
순간의 '욱'을 후회하는 거다.

내가 무시나 모욕을 당했다는 생각이 들었을 때,
욱하는 건 본능이다.
하지만 '화'와 '욱'은 확실히 다른 것 같다.
'욱'은 논리를 벗어나고,
분노 조절의 범위를 벗어난 상태의 표현이다.
그래서 분노 조절 못 하는 남의 모습에
경악할 때가 많은 것처럼
누군가도 내가 욱하는 모습을
같은 시선으로 바라볼 거다.
그리고 '욱' 하고 난 자리에는
고성의 메아리와 상처만이 남을 뿐이다.

"욱하지 말자"고 마음먹고 살던 중,
'욱의 시험대'에 올라 승리의 기쁨을 만끽한 일이 있었다.
주차장 출구 앞에 상습적으로 불법 주차하는 사람에게
전화를 했는데, '그냥 신고하세요. 지금 차 못 빼요'라고
뻔뻔하게 말했고, 내 '욱의 게이지'는 제대로 상승해 버렸다.
뻔뻔한 작자에게 육두문자가 절로 나왔지만,
이 순간 나에게 필요한 건 '릴랙스'였다.

오늘도, 끓어오르는 '욱'을 참는 연습

욱하지 말자고 스스로에게 한 약속을 떠올리며
침을 꿀꺽 삼켜봤다.
그러고는 그 사람의 말대로 구청에 전화해서
견인해 달라고 신고했다.
견인 요청 접수가 됐다는 문자가 왔고,
그제야 그에게 사과 전화가 걸려왔다.
그러면서 앞으로 주차 안 할 테니
구청에 신고 취소 전화를 넣어 달라고 했다.
뭔가 기분이 좋았다.
목소리 높여 화내지 않는 데 성공했기 때문이다.
욱하고 나면 사과를 받아도 흥분이 가라앉지 않고,
기분도 나빴는데 말이다.
분노 지수는 최대한 낮추는 게 좋은 거였다.

그래서 빡치미가 가동될 때마다 되뇐다.
지금은 '욱'을 참아야 할 타이밍입니다.

"몇 살로 보여요?"라고
되묻지 말 것

언제부턴가 누가 나이를 물어보면 한 번에 대답하지 못한다.
일단은 "몇 살로 보여요?"라는 질문을 던지고,
상대의 대답을 들은 후에 +, -를 붙여서 답한다.
내 나이보다 적게 얘기하면,
"아유 그거보다 훨씬 많죠~" 하며 기분이 좋아지고,
많게 얘기하면, "그 나이 되려면 몇 년 남았네요~" 하며
서운한 감정이 생긴다.
상대가 나이를 맞추면 괜히 진 기분이 든다.

기대보다 실망하는 일이 많지만,
그런데도 이 스릴 넘치는 퀴즈를 포기할 순 없다.

"저… 몇 살로 보여요?"

왜, 굳이 이런 퀴즈 같지도 않은 퀴즈를 내면서 떨고 있을까?
누구나 나이보다 어려 보이고 싶다.
내 나이에 맞는 모습을 받아들이며 살기엔 좀
억울한 생각이 드니까 내 옆 사람보다는 '동생'처럼
보이고 싶은 게 솔직한 심정이다.
결혼한 친구는 '결혼했어도 어려 보인다'는 말을 듣고 싶고,
결혼 안 한 친구는
'최소한 결혼한 친구보다는 어려 보여야' 한다고 생각한다.

도대체 몇 살로 보이고 싶은 건지…
냉정하게 생각해 보기

욕심이 과해지면, 남녀 할 거 없이 수많은 시술을 불사하고,
이너뷰티 강화를 위한 건강식품을 복용한다.
타인의 시선 때문에 젊어지고 싶은 사람이
되어 버린 우리에게는,
남의 눈에 비친 '예상 나이'가 호적상 나이보다 중요하다.
그래서 '몇 살이냐'는 질문에 대답하지 못하고,
맞춰 보라고 하는 것이다.

"자신의 변화에 직면해야 해.
언제까지나 10대에 머무르고 싶지 않아"라며,
있는 그대로의 자신을 받아들인
오드리 헵번처럼 살 수는 없을까?

그렇게 살 수 있다면,
내 나이가 아닌 척하며 살 필요가 없을 텐데…
굳이 사람들에게 물어보지 않아도 될 텐데….
우리는 '나이는 숫자에 불과하다'라고 하면서도,
어쩔 수 없이 "몇 살로 보여요?"의 노예가 되고,
그래서 의식하고 싶지 않은 나이를 더 의식하는 걸지도 모른다.

카페인은 충분한데⋯
카페인 우울증이라니

카카오 스토리 소식입니다!!
친구의 따님께서 콩쿠르에서 입상 소식을 알려오셨습니다!
페이스북 소식입니다!!
선배의 가족이 서유럽 여행 상황을
실시간으로 공유하고 계십니다!
인스타그램도 바쁘네요.
후배님이 경쟁률 높다는 맛집 방문에
성공 인증샷을 올리셨습니다!!

*카페인 우울증: '카카오스토리-페이스북-인스타그램' 앞글자를 따서 만들어진 합성어로, SNS에서 보이는 타인의 행복한 모습을 보고 우울증을 느끼는 것을 뜻함.

이 모든 소식을 침대에 누워서 스마트폰으로 보는 나는
묘한 우울감에 빠진다.
나 빼고 다 잘살고 있다는
청천벽력(?)같은 소식을 통보받은 거다.
다들 밖에서 활동 중이다.
최소한 커피 향을 음미하며 독서라도 하는데,
나는 왜 그들을 몰래 훔쳐보고 있는
'비련의 주인공'이 됐을까?
이런 마음이 들 때면, 나도 혹시?!
누구누구도 걸렸다는 '카페인 우울증'이 아닐까 하는
의심을 한다.
하루에 커피를 몇 잔이나 마시는데…
내 몸속의 카페인은 이미 차고도 넘치는데,
난데없는 '카페인 우울증'이라니…
현대인의 흔한 병이라고는 하지만 도무지 납득이 안 된다.

SNS를 하는 사람이라면,
크게든 작게든 느껴지는 소외감이 이상하지 않다.
나 없이 즐거운 친구들의 모임은 말할 것도 없고,

옛 애인의 행복한 소식도 쉽게 찾아낼 수 있다.
업데이트되는 지인들의 파스텔톤 사진, 스웨그 넘치는 포즈,
화려한 여행지, 에너지 팍팍 넘치는 취미 생활 인증샷까지
실시간으로 공유되고, 어쨌든 어제도 오늘도
그들의 세상이 잘 돌아감을 '눈팅'으로 확인한다.
동창회나 동호회까지 '눈팅'의 범위를 확장하면,
신경은 더 날카로워진다.
발길을 끊은 동호회가 나 없이도 몇 년간 잘 돌아가고 있다는
자각에 우울해지고, 나 따위는 동창도 아니라는 듯,
정기적으로 모이는 동창회 사진에 마음이 무너진다.

볼까 말까? 오늘은 보지 말까?
그래 뭐 별거 있겠어? 하다가도 보지 않으면
그것도 불안하다는 이유로 손가락은 바삐 움직인다.
차라리 자극이라도 받으면 좋을 텐데,
나는 왜 저들보다 못사는 걸까,
나는 왜 이것밖에 안 되는 인간일까, 하는 생각에
자존감만 푹푹 꺼진다.

그들은 내가 관망하는 대로,

나보다 행복하고 즐거운 인생일까?

물론 '카페인의 세계'가

순도 100 퍼센트가 아니라는 것쯤을 모를 리 없다.

잘 먹고 잘사는 모습을 '플렉스 놀이'로

보여 주는 거라고 생각하면 될 일이다.

하지만 막상 행복한, 멋있는, 고상한 자신을 보여주는

그들의 현란한 재주를 보면 혼란스럽고,

그들의 카페인 세계를 '동경 반 질투 반'의 느낌으로

바라보게 된다.

나를 '우울한 나라'로 입성시킨 것은

이 몹쓸 녀석 때문이라며 스마트폰을 노려봐도 소용없다.

어떤 처방도 '다 끊어버리는 것'만 못하다는 것도 알고 있다.

끊지 못할 뿐이다.

그래도 '카페인'의 순기능을 믿으며

내 아이디를 지키고 싶다면

'카페인'에 맞서 '너는 너, 나는 나'의 경계를 그을 수 있는

마음을 가져야 한다.

남의 플렉스 놀이에 흔들리는 시간이 아까울 뿐

'플렉스 놀이'는 SNS가 가진 큰 속성 중 하나인데,
그걸 무겁게 생각할 필요가 없다.
여기에 휘둘린다면 순전히 유리 멘탈을 가진 내 책임이다.
'인생은 멀리서 보면 희극이고, 가까이서 보면 비극이다'라는
찰리 채플린의 말을 이렇게 변형해서
'마음속에 저장' 시켜두려고 한다.

남의 인생은 멀리서 보기 때문에 희극처럼 보이고,
내 인생은 가까이서 봐야 하니 비극처럼 보일 뿐이다.